東洋の合理思想

末木剛博

法蔵館文庫

本書は二〇〇一年三月二十日、法藏館より刊行された。

増補新版への序文

本書は旧著『東洋の合理思想』（講談社現代新書、昭和四十五年刊）を改訂したものである。旧著の誤りを正し、表記をいくらかわかりやすく改めたうえ、各章節の符号を統一し、参考文献を増補した。さらに、新たに結論を加えて、やや面目を一新したが、基本的な内容は旧著と異なるところがない。ただ新たに加えた結論において、東洋の合理思想を総括して「楕円思考」と特徴づけて、これを欧米流の自我中心的合理主義と対比させ、その特色を際立てることに努めた。読者がこの点に注目して下されば、著者には幸甚である。

なお、東京大学助教授野矢茂樹氏には丁重な解説を給わり、また、目白大学教授上田昇氏には、校正の段階で貴重なご教示を給わった。ここに記して謝意を表したい。

平成十三年一月

著者

旧版のまえがき

「東洋の合理思想」と銘打って、ここに一書をものすることになった。表題どおり東洋の諸思想から合理的なもの、論理的なものを拾い集めたものである。しかし、一口に「東洋」とはいっても、中華を中心として、東夷、北狄、西域、天竺というように、まことに広大な地域である。そのうえ、この地域の文物は、人類の発生とともに古い歴史を担っている。このように、空間的にも時間的にも無際限に近い広袤《こうぼう》のなかで、筆者のごときかいなでな素人に何がわかるわけでもない。

元来、筆者は、わずかばかり西洋の学術を垣間見て、いたずらに馬齢を重ねてきたのであるが、いつか初老の坂を越えると、そぞろ郷愁の情のごときものをおぼえて、東洋を思慕することが切実になってきた。それで、何とやらの手習いではないが、おそまきながら、東洋の古典に親しむ日々が多くなった。もとより、専門の素養をもたない筆者のことであるから、一人合点やトンチンカンの解釈をくりかえしてきたにすぎない。しかし、血は水よりも濃い道理で、四角四面の漢字も、西洋の蟹行の文字よりは頭に入りやすく、デーバナーガリーの難解至極なつづりも、その内答には身近なものを感じないでもない。

そのようなわけで、この一書は、筆者の素人流儀の漸次的な研究報告にすぎない。したがって、専門家の厳正な目から見たならば、あまりにも粗暴だと非難されるにちがいない。そういう非難は甘んじて受けよう。筆者には専門家に太刀打ちする能力も意図もはじめからないのである。ただ東洋は、わが郷里であるから、その郷里の歴史と精神とを吸収する権利はある。それは赤児が母親の乳を飲む権利をもっているのと同じ理窟である。飲み方に上手下手のちがいはあるかもしれないが、下手だからといって、飲む権利がなくなるわけではない。筆者は母なる東洋の乳を飲むのである。ただ正統的な形式で飲むのではなく、自我流に飲むのである。それゆえ本書を読まれる読者諸子もまた各自勝手な解釈をし、勝手な誤読をして下さってよいのである。誤読こそ読書の奥儀なのである。

そして、もし万一にも一読の後に、「ははあ、東洋の古典もこんなでたらめな解釈ができるものか」と、筆者の無謀な試みに多少の興味をもつ読者があるならば、すすんで東洋思想の大密林に分け入っていただきたい。それが筆者のささやかな願いである。

昭和四十五年七月

末木剛博

目次

第三部　合理と非合理　古代中国思想の論理——223

東洋の合理思想

序論　東洋思想と論理

東洋思想のなかに論理がどのような形で存在しているか、つまり、東洋思想がもつ合理性と不合理性と非合理性とがどのように関係しているか、というのが本書の問題である。そこではじめに、全体的な特徴を概観しておきたい。

(1)　インド思想の特性

一貫して宗教的解脱をめざす

東洋思想は一般に実践的関心を中心としたものであって、「知識のための知識」という西洋の主知的な思想とは根本からちがっている。しかしそのなかで、インド思想は宗教的実践を主眼とはするが、それを知的にとらえようとする傾きがあり、したがって極めて合理的な一面をもっている。

その合理性の最初の結実は初期仏教に見られる。それは解脱《げだつ》という宗教的目的に向かう思想ではあるが、その思考法は西洋近代のカントの批判哲学と極めてよく似ている。もちろん、カントの哲学は近代科学の基礎づけを主眼とし、三千年近くまえの初期仏教は解脱を目的とするものであるから、その根本の関心はちがう。しかし、独断的な形而上学を排除して、もっぱら現実に目を向けるという批判的態度はどちらも同じである。

この合理的批判的態度から、やがてインド独特の論理学がうまれてくる。それは仏教を中心として発達し、仏教の外にもひろがるのであるが、その内容は形式論理学である。そしてその発達の頂点は、アリストテレスの論理学とほぼ同等の高さにまで達している。

ただし、アリストテレスの論理学が論理のあらゆる部門を詳細に論じているのとちがって、インドの論理学は常に推理論が中心になっている。それは、解脱という宗教的目的を推測することがその役目だからである。つまり、インド論理学の特徴は終始一貫して宗教的解脱をめざしているところにある。アリストテレスにはじまる西洋の論理学は科学のためのオルガノン（organon, 機関）であるが、インド論理学は解脱のためのオルガノンなのである。

解脱のための否定の弁証法へ

したがってインド論理学は合理的思考と非合理的な（直観的、体験的な）解脱とを結ぶ一面をもち、それが仏教を中心として独特な弁証法となって発達するのである。

解脱の心境そのものは非合理なる情緒または直観である。だから、合理的な思考からこの非合理性へ移行するには、合理性の自己否定である不合理性を経過しなくてはならない。こうして、不合理性（矛盾）を介しての思考である弁証法が成立するのだが、それは、解脱のためのまたは解脱の内容としての弁証法である。この種の弁証法は、中国仏教に移されてからはさらに独特な思考方式として変形する。

この種の弁証法がヘーゲルに代表される西洋の弁証法といちじるしく相違する点は、それが認識を発展させるものではなくて、解脱への弁証法であるところにある。したがってヘーゲルやマルクスなどの西洋的弁証法が、概して認識内容を新しく展開してゆくための過程的弁証法であるのとちがって、仏教系の弁証法は、同一内容を種々の観点から見直してゆくための非過程的な弁証法である。

さらにまた、西洋の弁証法が新しい認識を展開させる肯定の弁証法であるのに対して、仏教系の弁証法には、大別して二種の型がある。一つは合理的思考から非合理的解脱に転化する否定型の弁証法であり、もう一つは、非合理的解脱から合理的思考に帰ってくる肯定型の弁証法である。

この第二の型の弁証法は、肯定的である限り、西洋のそれに一応似た面をもつ。しかしこの肯定の弁証法も、仏教系のそれは解脱という非合理性の上に立つものであり、否定の弁証法をふまえたものである。したがって否定の弁証法が仏教系弁証法の基本であるということができよう。

(2) 中国思想の特性

道徳の矯正と政治の改革をめざす

中国思想の特性は道徳および政治問題に中心を置くことにあるので、論理を純粋に取り出して研究するという試みはほとんど見られない。したがって古代ギリシアはもとより、インドと並ぶほどの高度の論理学は、中国思想のなかではついにうまれなかった。しかし、認識のないところには道徳も政治も成立しない。道徳を正し、政治を改めるためには、まず人生に対する正しい認識が必要であり、正しい認識を獲得するためには、認識の普遍的原理としての論理をまずとらえなくてはならない。したがって実践上の必要から中国にもまた一種の論理学が成立した。

それにはいくつかの系譜があるが、その主流をなすものは儒教である。儒教といえば現代の若い人々は一様に封建道徳の権化《ごんげ》のように考えるであろう。しかし『論語』によって代表される初期儒教は極めて合理的な人道主義的な自由思想であって、卑屈な封建道徳などはその翳《かげ》さえもない。この初期儒教の合理性を発展させて、その合理性の基礎である論理への反省を生み、そして、荀子《じゅんし》の論理学が成立するのである。これは「正名《せいめい》」と名づけられる体系であるが、その名前によってもほぼわかるように、名辞または概念の論理学である。

中国の論理学は、儒教以外の名家や墨家などの場合でも概してこの概念の論理学が中心となっている。それは、古代ギリシアの論理学史に比較して言えば、ソクラテスの定義の思想とアリストテレスの概念論（範疇論）とにほぼ該当するものであって、外見から言えば論理学の第一段階にすぎない。しかし中国論理学の正名（概念論）は、そのなかに命題論をも推理論をも包含しているので、見かけほど幼稚なものではない。そのことは、名家《めいか》（論理家）のあげているいろいろな逆説を見てもわかることで、論理的法則の認識が高度に達しなくてはそのような逆説は考えつかないものである。また韓非子は、少なくとも、史上最初に矛盾律を提唱した人々のうちの一人である。矛盾律は合理的思考の根本の原理となるものであるから、それを提唱することは古代中国思想が極めて合理的な一面をもっていたことの証左である。

しかし、ギリシアおよび西洋の思想が「知識のための知識」であったのとちがって、中国思想は「道徳・政治のための知識」であり、したがってその論理学も道徳・政治のためのオルガノンであった。そこに、道徳・政治に不必要なものは研究するに値しないという狭さがある。その結果、秦・漢時代以後になると、古代論理学はほとんどかえりみられなくなり、折角開発した合理性もいちじるしくゆがめられてしまうのである。もっとも、宋代になって起こった新儒学は「理」という思想を重んじた。これはたしかに合理性を主張したものだが、その内答は論ぜられず、その論理は未発達のままに終わるのである。

老荘の否定の弁証法と易経の肯定の弁証法

中国思想には右に述べた「正名」の形式論理学と並んで、あと一つの論理学、すなわち弁証法が見られる。この弁証法には二種類あって、一つは老荘思想がもつ否定の弁証法であり、他は『易経』に見られる肯定の弁証法である。

老荘思想は儒教の世俗的道徳に対する反定立だから儒教的合理性をも否定して、合理性から非合理性へと転換する。

『易経』に見られる肯定の弁証法は一種独特の思考法であって、ヘーゲルやマルクス流の西洋的な過程的弁証法ともちがうが、また、中国仏教に見られる非過程的弁証法ともちがう。それは相反する要因の相補性と変化の循環とを論じるもので、相補的循環的弁証法とでも名づけられる特殊なものである。それは西洋にもインドにも見られない深い人生智の表現であって、現代の我々も教えられるところの多いものがある。しかしそれと同時に、この思想には極めて奇怪な空想的で不合理な思弁が混入していて、そこに中国思想の通弊である不合理性の弱みの一半が見られる。

(3) 日本思想の特性

ほとんど情緒に終始

日本では、千年以上前に仏教論理学の因明《いんみょう》が輸入され、その研究書も多数出た。代表的なものとしては、現存する善珠《ぜんじゅ》の『因明論疏明燈抄《いんみょうろんしょみょうとうしょう》』などがある。しかし、日本思想の主潮は情緒の尊重にあり、本居宣長流に言えば「もののあはれ」にある。したがって仏教内部にあっても、その論理学はあまりかえりみられず、まして仏教外への影響はまったく見られない。「幽玄」という概念を中心とする平安時代の和歌の美学思想はもとより、鎌倉仏教にも足利時代以後の能・茶道・華道・連歌・俳諧などの美学思想にも、また江戸時代の儒教思想にも、論理への反省はほとんど見られない。

そのうちでやや論理的なものを拾ってみれば、鎌倉時代の慈円和尚の『愚管抄《ぐかんしょう》』がある。これは歴史哲学の書として有名であるがそのなかで歴史は理に従って変化すると言っている。この「理」という概念は、華厳思想の理法界・理事無礙法界などの「理」という概念に由来すると考えられるが、ともかく諸現象の普遍的原理のことである。

この原理をはっきりととらえれば、論理もまた自然と明らかになるはずだったが、『愚管抄』には、そこまでの緻密な分析はないし、また、慈円の思想を継承して、歴史その他の諸現象を合理的に見てゆこうとする思想家もあらわれなかった。彼のようなすぐれた合理性が思想の中心になるのは、江戸時代も中期以後である。

無論理・非合理の文化

しかし、弁証法的な論理は鎌倉仏教のなかにもいくつかその実例を見ることができる。たとえば親鸞が信心の過程を三段階に分けて論じた「三願転入《さんがんてんにゅう》」の説は、明らかに弁証法を構成している。また道元の著書には、さらに頻繁に弁証法が姿を見せている。仏教の窮極である解脱は非合理な体験であるが、日常の合理的な知性からそれに向かうには、どうしても合理性を自己否定しなくてはならず、したがって、おのずから弁証法的とならざるをえなかったのである。しかしこれも、一種の思考形式として定式化されたわけではなく、いわば非措定的に用いられているだけであり、中国天台などに見られる定式化された弁証法とは大いに異なるものがある。

これを要するに、情緒本位の日本思想にあっては、知性は不当に冷遇され、論理はほとんどかえりみられなかったのである。この態度は、情緒を育て洗練するうえではたしかに大きく作用し、日本文化は、論理なき非合理の文化として、審美の面で無類の発達をとげた。それは今日なお盛んな歌舞伎や茶道などを見ても容易に納得できることである。

しかし、論理を欠くことは不合理性という疾患をうみ、それが古くからの日本文化の一つの弱みとなった。特に太平洋戦争の無謀さや、最近多発している殺人的な公害などを見ると、論理を欠くものの不合理性がどんなに恐ろしいかを、痛切に思い知らされる。

以下、本書では、仏教を中心としたインドの論理思想と古代中国のそれとを訪ねてみることとする。日本の論理思想についてはいずれ機会をみて論じたいが、本書では一切ふれないつもりである。

第一部　悟りへの論理

インドの論理思想

1　初期仏教の合理精神

(1)　無知の排除

宗教戦争を契機として論理学へ

インド思想はほとんど常に宗教的解脱をめざすものである。しかしそれはセム族の宗教思想のように唯一人格神を無条件で信仰するのとちがって、宗教ではあっても知性の助けによって安心立命に到達しようとする傾向をもつ。だからインド思想には古くから何らかの知性要因が加わっている。そしてインド論理学の発達もここに源がある。宇井伯寿博士によれば、インド正統思想たる弥曼蹉《ミーマーンサー》派（Mīmāṁsā）とそれに対抗する勝論《かつろん》派（Vaiśeṣika）との宗教論に関する論争が契機となって論理への反省が起こり、それが整理されてインド論理学になったのだ、と言われる。

しかし、もともと主知的な傾向があったから、論争が呼び水になりえたのである。中国にも日本にも宗教論争は少なからずあったのに、同じ論争からインドだけが論理学を育てることができたのは、インドにその種があったからである。つまりインドの宗教思想は知性を排除するものではなく、知性を含む宗教思想なのである。したがって、論理学の発達する以前にあっても、インド思想には極めて主知的、理知的なものが見られる。その一つの好例として初期仏教がある。

初期仏教というのは釈迦在世中の仏教のことである。釈迦は西暦紀元前六世紀の人物と推定され、したがってギリシアのソクラテス、中国の孔子などと同時代に活躍したわけである。

この紀元前六世紀頃は、人類の歴史の大転換期であって、東洋および西洋の、今日の文化の基本方向は、この時代に決定したのである。すなわち、ソクラテスの思想は西洋の哲学および科学の源泉となり、孔子の思想は儒教となって以後の中国文化を決定的に支配するのである。そして釈迦の思想は仏教となってインドおよび極東の文化に限りない影響を与えて今日に及んでいる。

この釈迦在世中の仏教を見ると、それは今日我々が日本で見聞する仏教とは相当ちがった姿をとっている。日本の仏教といえば、禅宗、念仏宗（浄土宗、浄土真宗など）、日蓮宗、真言宗など、いずれも情緒か直観かを主とするもので、合理性にとぼしく、仏教といえば一概に非合理な思想と考えられがちであるが、それでも奈良仏教として今日まで伝承されている法相《ほっそう》宗や華厳《けごん》宗の教理には論理的要因が濃厚に含まれている。ただ日本ではそれらはあまり一般に普及していないので、仏教が合理的な思想体系だというと、大概の人が驚くのである。

しかし初期の仏教は、法相宗や華厳宗よりもさらに簡潔な合理的精神によってつらぬかれており、それは阿含《あごん》部の諸経典をひもといて見ればすぐわかるが、もっと手軽には、そのなかの一つである『法句経《ほっくきょう》』を見るだけでもよい。これは初期仏教のエッセンスを詩頌の形で綴った詞華集である。いまこの種の文献によってその合理的精神をうかがってゆきたい。

三法印──無常・無我・涅槃

初期仏教の教理を簡単に要約すると、まず「三法印《ほういん》」の説というのがある。これは、

第一、諸行無常《しょぎょうむじょう》
第二、諸法無我《しょほうむが》
第三、涅槃寂静《ねはんじゃくじょう》

という三原理である。

第一の諸行無常とは、「すべてのもの（諸行）は不断に変化をつづけており、決して同一性を保たない」ということで、日常の現象世界の経験を一般化して考えたものである。日月もたえず運行してその光は生滅し、草木も鳥獣もたえず生長と枯死とをくりかえして世代が変わり、人間もまた同じく変化しつづける。この事実を一般化して現象界の原理としたのが右の第一の命題である。

これは現象界の原理ではあるが、同時に、不変の実体を現象の背後に認めないという主張にもなり、それを判然と言い表わしたのが第二の諸法無我という原理である。諸法は諸行と同じことで「すべてのもの」という意味である。無我の「我」は梵語（サンスクリット、以下、サと略す）でātman、パーリ語（以下、パと略す）でattaと言われ、「常一主宰」と説明されるもので、「常に同一性を保っていて、自己の力で存在し作用するもの」ということである。

この「我」は西洋哲学の「実体」（substantia）という用語とほとんど同じ意味である。実体はスピノザによると「それ自身のうちにあり、それ自身で認識される」（in se esse, et per se concipi）という条件をもつ。したがって、「我」とは実体のことであり、「無我」とは「無実体」ということである。すべてのものは変化するので同一性を保つ実体ではないし、変化の背後に無変化の実体を考えることはできないというのが、第二の原理たる諸法無我の意味である。実体がないので、すべてのものは「それ自身によって存在する」ことはできず、したがってすべてのものは「他によって」（サ、pratītya）存在する。この「他によって在る」ことを「相依性《そうえしょう》」とか「縁起」とか「因果」などと言う。これが無実体の積極的な意味である。

このように、諸現象の変化流転をそのまま認めず、実体的同一性をどこかに認めようとすると、現実の経験と矛盾して、欲望と現実とが衝突し、不満がつのって苦悩となる。したがって苦悩を除こうと思うならば、まず実体という考え方を捨てなくてはならない。実体を考えなくなれば実体への固執はなくなり、固執がなくなれば苦悩がなくなるはずである。この苦悩のない状態を「涅槃」（サ、nirvāṇa, パ、nibbāna）と言う。それが第三の原理、涅槃寂静である。

それは「苦悩のない状態になれば心は安静になる」ということで、それが仏教の理想としての解脱の心境である。そしてこの理想状態は第一および第二の原理を正しく認識すれば必然的に生じるはずのものである。というのは第一、第二の原理を知れば、実体への固執がなくなり、固執がなくなれば苦悩がなくなるからである。したがって、解脱は真理の認識によって生じるものであり、この知性の力をかりなくては解脱は得られないのである。

「四諦」と八正道・三学

この教理をさらに「四諦《したい》」の説によって検討してみよう。四諦は三法印と並んで初期仏教の基本原理を簡略にまとめたものである。「諦」とは、概念とか教えという意味であるが、「四諦」とは、第一に苦、第二に集、第三に滅、第四に道という四つの基本概念のことである。そして、第一の苦とは、「人生は苦悩にみちている」という現実認識である。第二の集とは、第一の苦に対する原因のことで、「人生の苦悩にはそれ相応の原因がある」ということである。その原因は三法印のところで述べたように、無常無我の真理を知らないこと、つまり無知である。第三の滅とは、「苦悩が消滅すれば心が安静になる」ということで、三法印の第三に相当し、解脱の理想状態を述べたものである。そして第四の道とは、「苦悩の滅に至る道または方法」のことであり、その内容は八種あるので、「八正道《はっしょうどう》」と言われる。

八正道の最初のものは「正見」と言われる。これは「真理を正しく見る」ことである。第二の道は「正思」であり、これは、解脱の目的とその手段について「正しく考えること」である。このように、八正道の最初の二つが知的なものであり、解脱には知性が不可欠の条件とされる。

なおこの八正道はまた「三学」という形で簡潔にまとめられもするが、それは「戒《かい》・

定《じょう》・慧《え》」の三つの方法のことである。「戒」とは戒律を守ることであり、実生活上の方法である。「定」とは精神を統一することである。「慧」とは智慧のことであって、八正道の「正見」と「正思」とを総合したものである。このように、三学の場合にも知的方法がはっきりとうたわれている。

人生苦の根本原因は無知に

初期仏教は解脱の必要手段として、このように知性の活動を要求する。そして、この知性を欠けば解脱が得られず、苦悩をつづけなくてはならない。したがって苦悩の根本原因は無知ということになる。これを明示したのが「十二因縁」の説である。これは、現実の苦悩の原因を順にたどると十二段階あるというのであるが、ここではその主要な段階だけを説明しておこう。

まず、現実は「生老死」という苦悩にみちた生活であるが、この苦悩の原因は「愛」にある。「愛」とは渇愛とも言われ、事物を変化しない同一性の形で保ちつづけようとする欲望である。この欲望の根本原因は「無明《むみょう》」（サ、avidyā, パ、avijjā）すなわち無知にある。すべてのものの無常無我という根本真理を知らないことにある。だから、この無知がなくなって知が生じれば、苦悩が消えて安心立命という解脱状態に達するのである。

このように「十二因縁」の説は、仏教の主知性または合理性をもっとも端的に表明した思想である。しかしその合理性をさらに生き生きと活用しているのは、その形而上学批判である。

形而上学的な諸問題の排除

初期仏教によると、世には、常見《じょうけん》・断見《だんけん》の二種の独断がある。第一の独断は、現象の変化の背後に不変の永遠の実体ありと主張する立場であって、これを常見と言う。第二の独断は、すべてのものはやがて断滅して空無に帰すると説く立場であって、これを断見と言う。

この両種の立場は一見相反しているが、しかし現象の背後の見えざるものの存在非存在を何の根拠もなく断言する点に関しては一致している。しかし、もともと現象の背後の事物に関する形而上学的な問題については、根拠ある答えは出せないのだから、いっさいの答弁をひかえ、判断を中止しなくてはならない。この判断中止の態度を、仏教では「無記《むき》」(サ、avyākṛta, パ、avyākata) と名づけるが、形而上学の問題に関しては、この無記を以て応ずるよりほかに道がない。そうして、知性をもっぱら現象界に向けさせるのである。知性はただ現象に関してだけ有効にはたらき、妥当な認識を獲得するものであり、現象を超えるものは認識を超えるものだから妥当な認識は得られない。

このように、無記によって、常見・断見の二種の形而上学を排除し、もっぱら現象界に知性を向ける立場を「中道」（サ、madhyamā pratipad, パ、majjhimā paṭipadā）と言う。仏教は初期仏教以来、この中道を行くものである。中道をはずれて常見に傾いたり断見に陥ったりするのは仏教ではない、というのがその本来の立場である。この立場は西洋哲学で言えばカントの批判哲学および最近の分析哲学の立場と極めて類似した一面をもっている。

（2）西洋哲学と初期仏教

カントの批判哲学との比較

まずカント哲学との類似を挙げてみよう。カントは、その主著『純粋理性批判』において知性（カントの用語で言えば悟性 Verstand）は、現象界だけに対してはたらくものであって、超現象的な、形而上学的な問題に関しては妥当な認識を得ることはできない、と言う。そしてその超現象的な形而上学の問題として、第一に人間の魂の問題、第二に宇宙の問題、第三に神（絶対者）の問題を挙げている。第一の問題は人間の魂は不滅であるかどうかという問題である。第二の宇宙の問題はさらに三つに分かれるが、その一つは、宇宙は時間・空間的に有限であるかどうかという問題である。第三に神の問題とは世界を支配する絶対者が存在するかどうか、という問題である。

そしてカントは、これら三種の問題に一定の解答を与えることは不可能であることを論理的に証明している。したがってこれらの問題に関する形而上学は論理的には成立しないと言って、形而上学を排除したのである。

これを初期仏教の形而上学批判とくらべると、精粗のちがいはあるが、主旨ははなはだよく似ている。初期仏教では形而上学の立場を前述のように常見と断見との二種に大別しているが、さらにカントの挙げた諸問題とほとんど同じ問題を論じている場合もある。たとえば『中阿含経』の一部の『箭喩経《せんゆきよう》』では次の諸問題が挙げられている。

(A)自我および世界は時間的に、

(1)無限である。

(2)有限である。

(3)無限かつ有限である。

(4)無限でもなく有限でもない。

(B)世界は空間的に、

(1)無限である。

(2)有限である。

(C)魂と肉体とは、

(1)同一である。

(2)別異である。

(D)如来（完全に悟りを得た者。ここでは一般に人の意だとも言われる）は死後に、

(1)生存する。

(2)生存しない。

これらの問題は、カントの挙げた問題とは多少のずれがあるが、それは時代と国土との相違にもとづく関心のちがいである。しかし、たとえば(A)と(B)とは、カントの第一および第二の問題とほとんど同じであり、(D)の如来の問題とカントの第三の神の問題とも類似している。相違点を挙げれば、初期仏教は(A)の問題に対して四種の解答を用意しているのに対し、カントは、(1)無限であると(2)有限であるとの二つだけを用意し、その二者択一をせまるのである。『箭喩経』では四種の解答を(A)の問題だけにそろえてあるが、他の文献では、あらゆる問題に対してそろえてある場合もあり、そのほうが論理的には完全なわけである。それで後世には、この四種の解答、つまり一問題に対する(1)肯定、(2)否定、(3)肯定かつ否定、(4)非肯定かつ非否定、の四つを四句分別と名づけている。

ともかく、カントの提出した問題と、形のうえでは多少の差はあるが、本質的にはほとんど同じ問題を掲げて、しかもカントと同様にこれらの問題に対しては何らの解答も与えられない、と言うのである。したがって形而上学批判に関しては初期仏教はカントの批判哲学と本質的に一致するのであり、哲学上は一種の批判主義である。

カントとの相違

しかしカントの思想と必ずしも一致しない他の半面がある。カントは、『純粋理性批判』では形而上学は理論的に成立しないとしているが、『実践理性批判』その他の道徳論では、形而上学（魂の不滅や神の存在）は、人間が道徳を実行するうえで有益な効果をもつので必要である、と断定している。つまり、形而上学を理論的には排除するが、実践上では採用しているのである。ところが初期仏教では、理論的にも実践的にも形而上学を捨てる。前述の『箭喩経』によると、上記のような形而上学の問題は、

(a)第一に、永久に解決できない。

(b)第二に、たとえ解決されたとしても、苦悩の解消には何の益もない。

と言うのである。第一の、理論的に解決不可能という理由で形而上学を排除するのは、カントの『純粋理性批判』の立場と一致している。しかし第二の実践上無益であるという理

由で排除するのはカントの『実践理性批判』の立場と正反対である。どちらが妥当であるかは決定しがたいが、形而上学批判および排除という点では明白に初期仏教のほうが徹底している。

このようにして初期仏教は、現象界の内部だけで知的に合理的に事物を考えることによって苦悩をいやすことができるとするのである。それは、苦悩からの解脱をめざす点では宗教であるが、その方法は主知主義であり、合理主義である、と言うことができる。

もっとも、その合理主義をあまり偏って考えてはいけない。この点は分析哲学、特に後期のウィトゲンシュタインの説と比較してみるのが便利であろう。

分析哲学との比較

ウィトゲンシュタインもまた一種の批判哲学をとなえる。ただその方法が他とちがうところは、日常言語の使用法を分析するのである。そして、形而上学の諸命題（たとえば「魂は不滅である」というような命題）あるいは形而上学的問題は、日常言語を誤って使用しているので無意味なのだ、と言う。言語の使用法の正誤を定める標準は何であるかという点に関しては難点があるが、ともかく彼によると、形而上学の命題は日常言語の誤用にもとづくものであるから、日常言語を正しく使用しさえすれば、それは消滅するはずである。そして、心の混乱は無意味な命題によって日常性を離れた事柄を考えることによって生ずるものだから、この種の無意味な命題が消滅すれば、心の混乱も消えるはずである。したがってウィトゲンシュタインの立場では、日常言語を分析して、その使用を正すという合理的な方法だけで混乱を治療しうることになる。

ところが初期仏教は、前に述べたように、苦悩から脱するために「三学」という、戒・定・慧の三種の方法を並用する。戒は生活を規則正しくすることであり、定は坐禅などによって気分を統一させ安静させること、そして慧は合理的思考である。つまり、合理的思考だけでは解脱は不可能で、それと並んで実践的努力が必要だと言うのである。ウィトゲンシュタインの説にはこの戒と定とに相当する実践的要因が欠けている。初期仏教との、はっきりした相違である。

要するに、初期仏教は合理的ではあるが、解脱を求める宗教思想であって、決して科学ではない。そこにその合理性の限界もあるが、同時に、科学を補う面もある。科学は合理的認識を行なうが、それだけでは決して苦悩を解消することはできない。苦悩をいやし真の安心立命に達するためには、世界および人生の全体に対する寛容と融和の心情が必要である。

この寛容と融和とは神への信仰によって得られるかもしれない。また極度の絶望によるなげやりの気分によって得られるかもしれない。しかしそのような態度は、どちらも科学と調和するものではない。それに対して初期仏教は、合理的立場に立つ限り科学に背反せず、しかも科学に欠けている人生の全体に対する態度（無常無我なるものにはいっさい固執しないという態度）と、それにもとづく戒・定という実践的方法をもつ。したがってそれは科学的合理性に背反せずして、解脱を得る道を示しているのである。

2　古因明の論理

(1)　認識の源の探究

初期仏教から古因明へ

初期仏教に見られる合理的態度は、それにつづく時代になると合理性の形式である論理への反省・認識となってゆく。それは仏教を中心として起こり、仏教の外にも盛んになってゆく。そして、仏教内ではこれを「因明《いんみょう》」(サ、hetu-vidyā) とよび、仏教の外ではこれを「正理《しょうり》」(サ、nyāya) とよぶが、さらに後世 (西紀五世紀頃)、陳那《じんな》 (Dignāga) によって完成された形式論理学を「新因明」とよぶのと区別するために、これらを総合して一般に「古因明」と名づける。

この古因明の形式論理学の文献で、現存する最古のものは『チャラカ本集』(Carakasaṁhitā）である。これはチャラカという医者の手になる内科医書であるといわれ、その一部に形式論理的な研究が述べられているのである。この書に次ぐものとしては、西紀一世紀前後のものに『方便心論《ほうべんしんろん》』という仏教内の論書がある。また、これとほぼ同時代に仏教の外部で『正理経《しょうりきょう》』（Nyāya-sūtra）が成立している。これは正理派といわれる論理学中心の学派の根本経典となるものである。

さらに西紀三、四世紀になると、仏教の内部でしきりに論理の研究が行なわれ、したがって論著も多数あらわれたが、その大部分のサンスクリット原典は散逸し、わずかに他国語に訳されたものが現存するにすぎない。いま漢訳大蔵経（『大正新脩大蔵経』）に残されている主なものを挙げると、『瑜伽師地論《ゆがしじろん》』の第十五巻、『阿毘達磨雑集論《あびだつまぞうしゅうろん》』の第十六巻、『顕揚聖教論《けんようしょうぎょうろん》』『如実論《にょじつろん》』などである。そこで、これらをまとめて、古因明の本質的な部分だけを概観し、その意味を考えてみたい。

認識の現量

インドの論理学者は一般に、知識または認識の源（これを「量」pramāṇa という）を重視している。解脱はどのような認識能力によって得られるかというインド思想の根本問題からきているものと思われる。そして、認識の源が何種あるかは、各宗派または学派によって随分ちがっている。「順世派《じゅんせは》」（Lokāyata）とよばれる唯物論の立場では、あらゆる認識は感覚（「現量《げんりょう》」サ、pratyakṣa）からうまれるとする。したがって、順世派は現量だけの一量説である。

仏教の大部分と勝論《かつろん》派（Vaiśeṣika）は、感覚（現量）と推理（「比量《ひりょう》」サ、anumāna）とを認識の源とする。つまり、現量・比量の二量説である。

インド思想の正統派である弥曼蹉《ミーマーンサー》派（Mīmāṁsā）と数論《すろん》派（Sāṁkhya）とは、現量と比量とのほかに、聖者の言葉（「聖言量《しょうごんりょう》」または「声量《しょうりょう》」śabda）を挙げる。これは三量説である。

仏教の一部および正理派（Nyāya）は、上記の三量のほかに、第四の源として、ものの類似にもとづく類推「譬喩量《ひゆりょう》」（サ、upamāna）を挙げている。四量説である。

その他、五量説、六量説などをとなえる学派もあるが、それらはあまり重要ではない。しかしとにかく、このように認識の源を追求するのは、それだけ認識または知性を重要視しているからである。日本の思想のように知性を無視する場合には、認識の源などはほとんど問題にならない。認識の源を考えることは、単に主知的というだけでなく、まったく批判的な態度である。この一事を見ても、一般にインド思想が、合理的精神を豊かにもっていたことが知られる。

とはいえ、認識の源の一つである現量（感覚）は、超感覚的な神秘的体験などをも意味する場合がある。その場合には、認識のなかに非合理的なものが混入してくることもある。また、「聖言量」は、聖者の言葉を頭から真理として受け取る。したがってそれは批判の欠如となり、不合理な思想をも権威あるものとして認めるということになる。これらは、インド思想が一般に宗教的解脱を目的とするところからくる付随現象とも言えるが、やはり、その合理的精神の限界を示すものである。

命題論の独立を欠く

右に挙げたいくつかの認識の源（量）のうち、純粋に論理的なのは比量（推理）である。そしてインド論理学の中心はこの比量にあるから、それは推理論を主とした形式論理学だと言える。一般に、インドの論理学者では概念論も命題論も独立しては論ぜられないで、比量（推理）の要因として、比量論のなかで付随的に論ぜられるにすぎない。だから、アリストテレスの『判断論』に該当するものを欠くが、これはインド論理学の顕著な特徴であるとともに、その欠点でもある。というのは、認識の具体的な姿は命題という形をとるものであるから、命題そのものを推理とは別に、独立に考察しなくては、認識の合理性は充分に確保できないからである。このことはまた、インド論理学が矛盾律を純粋の形で取り出していないのをみてもわかる。

矛盾律とは「一命題が真であるとともに偽であることはできない」といった形で表現されるが、要するに、一つの事柄を肯定すると同時に否定することはできない、という原理である。この矛盾律があるために、相反することを混同せずに、認識の統一性を保つことができ、認識の脈絡を首尾一貫させて合理性を保証することができるのである。

しかもこの矛盾律は、「一命題が肯定されると同時に否定されることはできない」という形にしてみればよくわかるように、命題の形で表現されるものである。したがって独立した命題論をもたないインド論理学では、矛盾律をそのものとして抽象することができない。もちろん、インドでもはやくから矛盾律は認め、正誤を判別するための基準として推理論（比量論）や誤謬論のなかで使用している。

たとえば『方便心論』の誤謬論（「明造論品第二」）の一つに「相違」（サ、viruddha）による誤謬というのがある。相違とは矛盾のことであるが、相違による誤謬とは、推理の大前提または結論が事実と矛盾することである。また『正理経』の誤謬論にも「相違因」とよぶ誤謬が挙げられている。それは、「自身で採用した主張と矛盾する理由」をもつ推理のことである（『正理経』一・二・六）。

このような推理のなかに現われてくる矛盾については、敏感にこれを察知し、排除している。それにもかかわらず、矛盾律を矛盾律として定立していないのはインド論理学の大きな弱点だが、そのそもそもの源は、命題を推理とは別に単独に論じなかったところにある。しかし、なぜ命題を単独に考察しなかったのか。

インド思想は一般に宗教的解脱をめざすが、その解脱の状態は直接的体験であって、命題の形では表現できない。したがって命題は窮極のものではなく、せいぜい解脱を助けるための方便にすぎない。そのうえ命題の段階にとどまって、物事を分別《ふんべつ》して考え、それを真理と信ずるならば、それはかえって解脱をさまたげることになる。だから仏教では、命題による認識を悪分別とか妄分別（サ、vikalpa）と名づけて、これを排斥する。仏教以外の学派でも同様である。つまり、命題は単独に考察するには値しないものと考えられたのであろう。こうして命題を軽視して推理だけを重視するという変則的な論理学が発生し、矛盾律を命題の形で表現することができず、ついに矛盾律がそのものとして抽象されなかったのである。

(2) 概念と包摂関係

推理(比量)の構造

インド論理学は推理の論理学である。だから命題と同様に、概念もまた推理の要因として考察されるだけであって、単独に主題として論じられることはない。そのために、アリストテレスの『範疇論』に該当するものを欠くのである。これもまたインド論理学がアリストテレス論理学に及ばないところである。

アリストテレスは、概念の類種関係と、それにもとづく概念の定義を、はじめて明瞭に定式化したが、これは現代でも、生物学や鉱物学のような記述科学の基本的方法として採用されている。特に概念の定義は記述科学だけでなく、あらゆる合理的思考の基礎として必要不可欠なものである。このことはアリストテレス以前すでにソクラテスが指摘し、また古代中国にあっても荀子《じゅんし》が明瞭に論じてもいることである。この点についてはインド論理学は中国論理学にも一歩の遅れをとった。概念を独立して考察しなかったために、その定義ということにも充分に思い及ばなかったのである。

しかし推理を研究するためには、当然、その要因である概念についても、必要な限りでの考察をしなくてはならない。その推理（比量）については、後に詳しく述べるが、簡単に言うと、判断から判断を導く操作のことである。たとえば、

(a)声は無常である。

(b)何となれば、声は作られたものだから。

(c)すべて作られたものは無常である。

という形の操作である。(a)は結論であり、論者の主張である。(b)はその主張の理由であり、結論に対する小前提。(c)は理由の根拠であり、大前提である。これを我々のなじみのアリストテレス論理学の形にあらためれば、

(c)大前提　すべて作られたものは無常である。

(b)小前提　声は作られたものである。

(a)結　論　だから、声は無常である。

という推理になる。この推理は三つの命題または判断からなり、それぞれ主語と述語と結合詞からなっている。たとえば結論の「声は無常である」という命題は、「声」という主語、「無常」という述語、「である」という結合詞から成立している。

集合と部分集合

しかしこの命題は、たとえば「これは花である」という命題と多少ちがった構造をもっている。「これは花である」というときの主語「これ」は個物を指しており、述語「花」は個物の集合を指している。したがって両者を結ぶ結合詞「である」は個物が集合に属することを示す。

これを現代の論理学の記号で書き換えると、「である」という結合詞は∈という記号であらわされるから、

これ∈花　……(イ)

となる。「これ」をaと書けば、

a∈花　……(ロ)

となる。これに対して「声は無常である」という命題の主語「声」は個物ではなくて、個々の声を総括する集合である。「無常」という述語もまた個物ではなくて個々の無常なものの集合を指している。つまりこの命題では、主語も述語もともに集合を指す語であるから、両者を結ぶ結合詞は、一方の集合が他方の集合の部分集合となることを示すのである。したがって、個物が集合に属することを示す∈の記号とはちがう記号でこれを表現する必要がある。普通これを⊂という記号であらわしている。すると、「声は無常なり」と

いう命題は、

声⊂無常　　……(ハ)

という形で表現される。

本書では、便宜上∈で表現される命題、したがって「これは花である」というような命題を「個物命題」または単純に「命題」とだけよび、そしてその結合詞を「個物の結合詞」または「所属記号」とよぶことにする。これに対して⊂で表現される命題、たとえば「声は無常である」というような命題を「集合的命題」または「判断」とよぶことにする。その場合、主語にあたる「声」を「主辞」とよんで個物的主語（「これ」など）と区別し、また同様に、述語にあたる「無常」を「賓辞」とよび、そしてそれらの結合詞を「集合の結合詞」または「包摂記号」とよぶこととする。

さらにこの二種の命題の関係を考えてみると、集合的命題（判断）の主辞と賓辞とは、実はそれぞれ個物的命題をなしているのである。たとえば、「声は無常である」という判断は、「声に属するものはすべて無常である」ということであり、さらに言い換えれば「すべてのものについて、それが声ならば、それは無常である」ということである。

これを現代の論理学で表現すると、「すべてのものについて」という全称の記号は（∀x）、「ならば」は矢印⇒で書かれる。したがって「すべてのものについて、それが声なら

ば、それは無常である」という命題は、

(∀x)〔(x∈声)⇒(x∈無常)〕……(ニ)

という形で表現できる。この表現でもわかるように、判断（集合的命題）のなかには個物的命題が要素命題として含まれているのである。そして「声は無常である」という判断（集合的命題）は、(ハ)の形でも(ニ)の形でも表現されるから、(ハ)と(ニ)とは等しい式であると言える。あるいは(ハ)は(ニ)によって定義される、と言ってもよい。そして、「定義される」ということを＝dfと記すならば、

〔声⊂無常〕＝df(∀x)〔(x∈声)⇒(x∈無常)〕……(ホ)

という関係が成立する

このように分析したうえで先に挙げた推理を書き換えてみると、

(c)大前提　(∀x)〔(x∈作られたもの)⇒(x∈無常)〕
(b)小前提　(∀x)〔(x∈声)⇒(x∈作られたもの)〕　……(ヘ)
(a)結　論　(∀x)〔(x∈声)⇒(x∈無常)〕

となる。または、同じことであるが、

(c)大前提　作られたもの⊂無常
(b)小前提　声⊂作られたもの
(a)結　論　声⊂無常
……(ト)

となる。これを一般化して示すには、結論の主辞（「声」）をSとし、その賓辞（「無常」）をPとし、二つの前提に共通な概念（「作られたもの」）をMとすれば、

(c)大前提　M⊂P　MはPである
(b)小前提　S⊂M　SはMである
(a)結　論　S⊂P　だからSはPである
……(チ)

となる。このように単純な形にしてみるとよくわかるように、「SはPである」という結論を証明するには、集合Sを包摂する集合Mを考え（小前提）、さらにその集合Mを包摂

第 1 図

する集合Pを考えればよい（大前提）。つまり、SがMに包まれ、MがPに包まれるから、SはPに包まれるのである。これらを図示すれば第1図のようになる。

包摂関係の二種類

インド論理学で概念が問題になるのは、右に述べたような推理での、概念の包摂関係である。この包摂関係を「遍通《へんつう》」または「遍充《へんじゅう》」（サ、vyāpti）と言う。これには二つの種類が区別されている。

一つは、ある概念（またはそれによって指示される集合）Bが、他の概念（またはそれによって指示される集合）Aに包摂されて、Aの部分となっている場合、つまり、

B⊂A……(リ)

または、

(∀x)〔(x∈B)⇒(x∈A)〕……(ヌ)

という場合である。そして第二は、BとAとが同じひろがりをもつ場合で、これは等号＝で示される、

B＝A……(ル)

という関係である。これは「BはAに等しい」ということだが、この関係は「BがAの部

分集合であり、かつAがBの部分集合である」ということである。したがって「かつ」という接続詞を点「・」で示すならば、

〔B＝A〕＝df〔B⊂A〕・〔A⊂B〕……(ヲ)

と定義することができる。

遍充にはこのように二つの場合が考えられ、そしてこの二つの場合をまとめて言えば、「遍充とは、BがAに包まれるか、またはBがAに等しいこと」である。したがって(リ)と(ル)とを合わせて、

B⊆A……(ワ)

となる。そして、「または」という接続詞を∨という記号で示すならば、

〔B⊆A〕＝df〔B⊂A〕∨〔B＝A〕……(カ)

であり、これが遍充の定義となる。これは西洋論理学の周延（distribution）ということに該当するものであるが、言い方は逆で、「BはAに対して周延している」と言うのである。

推理の条件としての包摂関係

遍充関係において、包まれるものBを「遍充されるもの」または「所遍」（サ、vyāpya）と名づけ、包むものAを「遍充するもの」または「能遍」（vyāpaka）と名づける。アリス

トテレスの概念論で言えば、能遍は類概念（genus）であり、所遍は種概念（species）である。したがって遍充は類種関係に該当するのであるが、ただインド論理学はこれを推理（比量）の条件となる範囲内で考えるだけである。だから類および種という考えを抽象的には取り出してはいない。

推理（比量）の条件として考えられる遍充関係とは何か。それは大前提の主辞Mが賓辞Pに遍充される場合、すなわち、

M⊂P……(ⅲ)

という条件のことである。この条件が必要なわけは第1図でもわかることである。「SはPである」ことを証明するためには、まずSを包むM（小前提）が必要であり、次にMがPに包まれる（大前提）ことが必要であった。この第二の条件が遍充である。これはアリストテレスの推理論で言えば、「中概念Mは周延しなくてはならない」という条件である。Mを中概念と言うのは、それがSとPとの中間にあって両者を仲介するものだからである。

このように、遍充は具体的にはMとPとの包摂関係を意味するものであるが、その本質は、推理が概念の包摂関係にもとづく思考法であることを意味している。包摂関係は集合の関係であるが、その集合は概念によって指示される集合である。このように概念によって指示される集合を、西洋論理学ではその概念の外延（denotation）と名づける。したが

って遍充とは概念の外延の包摂関係であり、それが推理の本質なのである。推理とは概念の外延の包摂関係によって定まる思考法である。遍充の思想はこの本質を表明したものである。

(3) 五分作法の推理

『チャラカ本集』の五分作法

遍充の説によって推理(比量)の本質は明らかにされるが、推理の形式は別に考えなくてはならない。古因明にあっては、それは「五分作法《ごぶんさほう》」と名づけられる形式をもっており、宗《しゅう》・因《いん》・喩《ゆ》・合《ごう》・結《けつ》の五つの判断から成立する。

(a)宗(サ、pratijñā, pakṣa)。これは論者の主張で、アリストテレスの推理論では結論にあたる。それは主辞Sと賓辞Pとからなる判断であり、現代ふうに書けば、

$$S \subseteq P$$

となる。その主辞Sを有法《うほう》(サ、dharmin)、その賓辞Pを法《ほう》(サ、dharma)とよぶ。有法はアリストテレスの小概念、法は大概念に該当する。

(b)因(サ、hetu)とは、宗(主張)の理由を述べる判断であり、アリストテレスの小前

提にあたる。それは主辞Sと賓辞Mとからなり、

S⊂M

である。この賓辞Mは中概念であるが、これもまた因とよばれる。したがって漢訳の「因」という術語は小前提を意味する場合もあり、また中概念を意味する場合もあって、その使用される場合によって意味が異なる。もっとも、中概念Mを別に「相《そう》」(サ、liṅga)とも言う。このように区別すれば、小前提と中概念とを混同することはない。

(c)喩(サ、udāharaṇa)とは、実例(見辺《けんぺん》)のことで、主張の理由である因の実例を示すものである。これに対応するものはアリストテレス推理論のなかには見あたらない。ここにインド論理学の特徴があるのだが、強いてアリストテレスに対応させてみれば、喩は大前提に近似したものである。大前提は、

M⊂P

という形をとるが、喩は必ずしもこの形にならない。最古の文献たる『チャラカ本集』を見ると、

宗　神我《じんが》は常住なり。

因　(神我は)非所作性《ひしょさしょう》(作られざる)なるが故に。

喩　たとえば虚空の如し。

となっている（宇井伯寿『印度哲学研究』第二、四三二ページ）。この判断を少し補って表現すれば、「たとえば虚空は非所作性であるから、虚空は常住である」ということになる。これを記号化すれば、

〔虚空⊂非所作性〕⇒〔虚空⊂常住〕

となる。この「虚空」をT、「非所作性」をM、「常住」をPとすると、

（T⊂M）⇒（T⊂P）

となる。このように『チャラカ本集』の喩はアリストテレスの三段論法の大前提とはちがった構造をもつ。アリストテレスの大前提はMがPに包まれることを述べる判断であるが、喩はMに包まれる一つの実例TがPに包まれることを言う判断である。

(d)合（サ、upanaya）とは『チャラカ本集』では、喩と因とを結合した判断で、たとえば、

宗　神我は常住なり。
因　非所作性なるが故に。
喩　たとえば虚空の如し。
合　非所作性なる虚空の如く、神我もまた然り。

と言う。合は、因の主辞「神我」とその賓辞「非所作性」と喩の「虚空」とを結びつける

ものである。したがってその意味は「虚空は非所作性であるから虚空は常住である。その如く神我が非所作性であるならば、神我も常住である」ということである。「その如く」という接続の言葉は「ならば」と同じと考えてもよいので、合は次のように記号化される。

〔(T⊂M)⇒(T⊂P)〕⇒〔(S⊂M)⇒(S⊂P)〕

これは、アリストテレスの三段論法にはまったく見られない判断である。

(e)結（サ、nigamana）とは結論で、最初の宗（主張）をくりかえしたものである。

仮言三段論法からなる類推推理

五分作法はこのように五つの判断からなる推理であるが、そのうち最初の宗と最後の結とは同一の判断のくりかえしなので、どちらか一つを省略してもよい。したがって、五分作法は実質的には四分作法である。このような整理をしたうえで『チャラカ本集』の推理式を書き改めてみると、まず、

(d)合（大前提）〔(T⊂M)⇒(T⊂P)〕⇒〔(S⊂M)⇒(S⊂P)〕

(c)喩（小前提）(T⊂M)⇒(T⊂P)

この二つから、

(f)　(S⊂M)⇒(S⊂P)

が結論される。この推理は、

大前提　$p \Rightarrow q$
小前提　p
結　論　$\therefore q$

という形の仮言三段論法によるものである。

次にこの結論(f)を大前提とし、因を小前提として第二の推理を行なう。すなわち、

(f)（大前提）$(S \subset M) \Rightarrow (S \subset P)$
(b)因（小前提）$S \subset M$

この二つの前提から、先と同様の仮言三段論法によって、

(a)宗（＝結）$S \subset P$

が得られる。こうして五分作法は正しい推理であることがわかる。しかもそれはアリストテレスの定言三段論法とちがって、仮言三段論法の複合からなる推理である。これは「虚空」という特殊な実例から「神我」という特殊な概念についての性質を類推推理するのであるから、インド論理学の最古の推理式は、定言三段論法ではなく、類推推理である。

『正理経』の五分作法

『正理経』の五分作法を『チャラカ本集』のそれとくらべると、宗・因・結は両者同じ構造だが、喩と合がちがっている。ヴァーツヤーヤナ（Vātsyāyana）の疏（Bhāṣya）によると、

(a)宗　声は無常なり。
(b)因　（声は）所作性の故に。
(c)喩　たとえば瓶の如し。

となっている。この喩を少し補って言えば、「たとえば瓶が所作性なので、瓶は無常である」ということになる。だから、「声」をS、「無常」をP、「所作性」をM、「瓶」をTとすれば、

(a)宗　S⊂P
(b)因　S⊂M
(c)喩　(T⊂M)⇒(T⊂P)

となる。

喩につづいて「異喩」（サ、viparīta）というものが付加される。それは「大概念Pと矛盾するから、中概念Mに矛盾するもの」のことである（『正理経』一・一・三七）。疏によ

れば、

(d)異喩　常住なるものは非所作性なり、たとえば我の如し。

というのがそれである。この「たとえば我の如し」という実例の意味は、同じ疏によってみると、「たとえば、我は所作性（作られたもの）ではないから、無常ではない」という意味である。これを記号化してみよう。まずある概念Aの否定を$\overline{A}$で示し、「我」をRであらわすと、「常住」は「無常」Pの否定なので$\overline{P}$、「非所作性」は「所作性」Mの否定なので$\overline{M}$となる。したがって、

(d)異喩　$(\overline{P}\subset\overline{M})\cdot\{(R\subset\overline{M})\Rightarrow(R\subset\overline{P})\}$

となる。

次に、合とは「喩によって、かくの如く小概念Sは中概念Mである、と再び言うことである」（『正理経』一・一・三八）と説明されている。したがって「かくの如く」というような言葉を除いてみれば、合は因のくりかえし、すなわち、

(e)合（＝因）　$S\subset M$

である。この合は『チャラカ本集』の合とはいちじるしく相違している。この相違は、両者の推理の構造の相違となるものなのである。

次に、結は宗のくりかえしであるから、

(f)結（＝宗）　S⊂P

となる。これら五種または六種の判断のうち、くりかえしのものを省略して整理すると、

(c)喩　（T⊂M）⇒（T⊂P）
(d)異喩　$(\overline{P}\subset\overline{M})\cdot[(R\subset\overline{M})\Rightarrow(R\subset\overline{P})]$
(b)因（＝合）　S⊂M
(a)宗（＝結）　S⊂P

となるが、これは二種の別個の推理を含んでいる。一つは(c)喩と(b)因とによって(a)宗を推理する操作であり、ほかは(d)異喩と(b)因とによって(a)宗を推理する操作である。

喩と因とによる宗の推理

まず(c)・(b)⇒(a)を考えてみると、

(c)喩（大前提）（T⊂M）⇒（T⊂P）
(b)因（小前提）　S⊂M
(a)宗（結　論）　S⊂P

となるが、これでは推理式としては不完全であって、結論が出てこない。これを妥当な推理式にするためには、合を『チャラカ本集』の合と同じく、

〔(T⊂M)⇒(T⊂P)〕⇒〔(S⊂M)⇒(S⊂P)〕

として、これを第一の大前提としなくてはならない。そうすれば『チャラカ本集』とまったく同じ類推推理の式が成立する。しかし『正理経』の合は因のくりかえしにすぎないので、このような解釈はできない。そこで『正理経』の文句をそのままにして解釈してみると、(c)喩が大前提として立てられるためには、「たとえば瓶は所作性にして、所作性なるものは無常なり」と解釈しかえさなくてはならない。このように解釈すると、

(c′)喩（大前提）　(T⊂M)・(M⊂P)

となる。これに(b)因を加えると、

(b)因（小前提）　S⊂M

これから(a)宗を導くには、

M⊂P

S⊂M

∴S⊂P

というアリステテレスの定言三段論法第一格第一式（Barbara）を用いればよい。したがって『正理経』の推理にはアリストテレスの定言三段論法が、少なくとも不明瞭な形で含まれているということができる。しかし、喩の特徴は「たとえば瓶の如し」というような

実例をもって大前提とするところである。だから、(c′)の式の、

$$T \subset M$$

という部分は、純論理的には不必要ではあるが、『正理経』にとっては重要な意味をもつはずである。つまりそれは、「瓶」という特殊なる実例から「声」という特殊なものの性質を推理しようとする類推推理の意味をもつ。しかし、類推推理としては『チャラカ本集』の推理式のほうが妥当であるが、といって、定言三段論法としては、後代の新因明の推理式のように明瞭な形をそなえていない。つまり『正理経』の五分作法の推理式は、類推推理と定言三段論法との両性格を不明瞭な形で兼ねた、過渡的な形だと言ってもよさそうである。

異喩と因とによる宗の推理

次に、(d)異喩・(b)因⇓(a)宗という推理はどうか。この異喩は二つの要因から成り立っているが、その前半の要因、

$$\overline{P} \subset \overline{M}$$

を大前提とし、これに(b)因を加えれば、(a)宗が導かれる。

それは、

$\overline{P} \subset \overline{M}$
$S \subset M$
$\therefore S \subset P$

という形の推理式であるが、これはアリストテレスの定言三段論法で言えば、その第二格に属するものである。

次に異喩の後半の要因、

$(R \subset \overline{M}) \Rightarrow (R \subset \overline{P})$

を前半の要因とくらべると、後件肯定の誤りを含んでいるので、この式は妥当ではないことになる。またこの後件だけを異喩と考えて、

(d′)異喩　$(R \subset \overline{M}) \Rightarrow (R \subset \overline{P})$

とし、これに(b)因を加えて(a)宗を導こうとする解釈もある。その場合には(d′)の背後に、

(d″)　$\overline{M} \subset \overline{P}$

という関係があるものと解釈するのであるが、これを大前提とし、

(b)　$S \subset M$

を小前提として(a)を導くには、

(d″)　$\overline{M}\subset\overline{P}$
　　　$\therefore M\subset P$　（I）

↓

　　　$M\subset P$
(b)　$S\subset M$
(a)　$\therefore S\subset P$　（II）

という二重の推理が必要であるが、（I）の推理は前件否定の誤りに陥っている。もっとも、宮坂宥勝氏の説によると、勝論派および正理派の立場からすると、「常住」と「非所作性」とは等しい（宮坂氏『ニャーヤ・バーシャの論理学』五四一ページ）ので、大前提としての異喩は、

(d‴)　$\overline{M}=\overline{P}$

と考えるべきだと言われる。そう考えれば、上記のような前件否定の誤りは生じないので、(a)が正しく導かれることになる。

要するに、異喩についてはさまざまな解釈ができるが、それだけに『正理経』の論理はまだ定式化が充分ではないのであり、それは陳那以後の新因明を待ってはじめて厳密なものになるのである。

（4）誤謬論

新衣の詭弁

古因明の諸文献は、いずれも誤謬論に相当の場所をあたえている。たとえば『如実論』は現在漢訳の最後の部分だけしか残っていないが、ともかく現存の『如実論』は、最初から最後まで誤謬に関する研究なのである。これは極端な例であるが、その他のどの文献も誤謬には異常なまでの注意を向けている。これはインドの論理学が、諸学派の間の論争で、論敵の誤謬を敏感にとらえようとしたことにもとづくものであろう。ここにもインド思想の合理性がはっきりと示されている。

誤謬論の内容は複雑豊富だが、ここでは、その誤謬論のなかの顕著な問題だけを少しひろってみよう。

『方便心論』の「明造論品第一」のなかに「随言難《ずいごんなん》」という名目の詭弁がある。それは、

「若し新衣といふ時、即ち難じて曰く、衣は是れ時に非ず、云何《いかん》が新と名づけん」

という形のものである。その意味は、「新しい衣」と言うとき、「新しい」という概念は「時間」という概念に包摂されるものであり、「衣」という概念は「時間」に包摂されない

ものである。だから「新しい衣」または「新にしてかつ衣たること」という概念の複合はつくれないというのである。これを正確に分析してみると、

(a)「新は時である」と言うのは「新⊂時」という包摂関係である。

(b)「衣は時ではない」と言うのは「時ではない」という概念を時の上に横棒を引いて表現すれば、「衣⊂$\overline{時}$」となる。

(c)「新しい衣」または「新にしてかつ衣」という複合概念は、概念（または集合）の積と言われるものであって、「新・衣」という記号で示される。

『方便心論』が挙げている詭弁は、(a)と(b)とから(c)は導かれないという推理なのである。

なぜかというと、

$$\left.\begin{array}{ll} \text{(b)} & 衣 \subset \overline{時} \\ \hline \therefore & 時 \subset \overline{衣} \end{array}\right\} \text{(I)}$$

$$\left.\begin{array}{lll} & 時 \subset \overline{衣} & \leftarrow \\ \text{(a)} & 新 \subset 時 & \\ \hline \therefore & 新 \subset \overline{衣} & \leftarrow \end{array}\right\} \text{(II)}$$

$$\left.\begin{array}{l} 新 \subset \overline{衣} \\ \hline (c)\ \therefore\ (新・衣) = I \end{array}\right\}$$ (III)（Iは全集合をあらわす）

このように三段階の推理を重ねて(a)と(b)とから何が導かれ、「新しい衣」という複合概念が否定される。この三段階のうち(I)は対偶による推理、(II)は定言三段論法第一格第一式、(III)は包摂関係を積の関係に変形する推理であり、現代論理学でその妥当なことが証明されている。だから、この三段階はいずれも正しいので、「新しい衣」という複合概念は成立しないことになる。しかし「新しい衣」という概念が成立しないということはおかしい。しかし、推理に誤りがないのだから前提の立て方に誤りがあるはずである。つまり、

(b)　$衣 \subset \overline{時}$

という前提、「衣は物であるから時の概念に包摂されない」というのが誤りである。衣は物ではあるが時の概念にも包摂されるものである。だから(b)の式は成立せず、したがって先に掲げた三段階の推理も成立しないので、(c)の結論、つまり、「新しい衣」というものはない、という結論も成立しない。かくて前述の推理は誤った詭弁だったことになる。

「到・不到の説」

これは同じく『方便心論』の「明負処品第二」に出ている詭弁である。それは、

小概念（結論の主辞）Sと中概念Mとは同一か異かである。もしSとMとが同一ならば、Mは「SはPである」を証明する理由（因）としての能をもたぬ。またもしSとMとが異ならば、Mは「SはPである」を証明することができない。故にいずれにしてもMは結論（「SはPである」）を証明できない。

という形のものである（大正蔵三十二、二六ページ）。すなわち、

(a)（S＝M）の場合には、（S⊂P）を証明するためにMを用いて、

$$\left.\begin{array}{l} M \subset P \\ S = M \\ \hline \therefore S \subset P \end{array}\right\} \cdots\cdots \text{(I)}$$

としても、これは真の証明にならないという。なぜか。MとSとが同一ならば、大前提の（M⊂P）は（S⊂P）と異ならないので、証明さるべきものであって、前提として用いるべきものではない。もしこれを前提として用いれば、証明さるべきものを前提とするので循環論法の誤りに陥る。またもしこれを前提として使用してよいならば、それを結論として証明する必要はなくなる。いずれにしても(I)は意味をもたない。

(b)（S＝$\overline{M}$）の場合には、

$$\left.\begin{array}{l} M \subset P \\ S = \overline{M} \\ \hline \therefore S \subset P \end{array}\right\} \cdots\cdots \text{(II)}$$

この推理は形式的に誤っている。

(c) だから(a)の場合にも(b)の場合にも中概念Mは結論を証明する力をもたない。しかもSとMとの関係は(a)か(b)かのいずれかより他にない。故にMは常に証明能力をもたないことになる。つまり、

$$\begin{array}{l} 〔(S = M) \Rightarrow \text{証明不可能}〕\cdot〔(S = \overline{M}) \Rightarrow \text{証明不可能}〕 \\ (S = M) \vee (S = \overline{M}) \\ \hline \therefore\ \ \text{証明不可能} \end{array}$$

という推理が成立する。この「到・不到の説」は、西洋の論理学で言う両刀論法（dilemma）である。しかもそれはある種の誤りを含んだ詭弁である。つまり、「MとSとは同一か異かである」という背反的な選択関係を立てたところに誤りがある。SがMに含まれる場合、すなわち、

(d) $S \subset M$

という場合が、(a)(b)以外の第三の場合としてありうる。そしてこれを小前提とすれば、求

める結論は証明できるのである。この第三の選択肢を無視して、

$$(S = M) \vee (S = \overline{M})$$

としたところに詭弁の原因があるのである。

この「到・不到の説」は『正理経』では「到相似・不到相似」と名づけ、『如実論』では「至・不至難」とよび、新因明の『因明正理門論』では「至・非至相似」と言っている。

3　新因明の論理

（1）　認識の源の探究

インド論理学の頂点

インド論理学の頂点は陳那《じんな》（Dignāga）によって完成された新因明にある。陳那は西紀五—六世紀までの南インドのアンドラ地方出身の人物で、唯識系の仏教を奉じていたらしいが、その業績の大部分は論理学の研究に向けられている。サンスクリットによる著書は五指を屈してもなお余るほどあったが、その原典は大部分散逸してしまい、漢訳またはチベット訳のものがわずかに現存する。主著の『集量論《じゆりようろん》』はチベット訳が残存するだけである。またその説を要約したものに『因明正理門論《いんみようしようりもんろん》』があるが、これもいまあるのは漢訳だけである。しかし宇井博士によれば、陳那の学説は『正理門論』によって充分察知できるといわれる。それに彼の弟子天主《てんしゅ》（Saṅkarasvāmin）の『因明入正理論《にっしょうりろん》』は彼の説を整理し祖述したものであり、これはサンスクリット原典も漢訳も現存するので、『正理門論』を補うことができる。

陳那の論理学は一般に新因明とよばれて、従来の古因明と区別され、三つの特徴をもつと言われる。第一は因の三相《さんそう》説、第二は九句因《くくいん》説、第三は三支作法の比量である。しかしこの三種がすべて陳那の独創によるわけではない。第一の因三相の説はすでに前時代の無《む》着《じゃく》（Asaṅga）の『順中論《じゅんちゅうろん》』のなかに論ぜられており、また第三の三支作法は古因明の時代にも次第に五分作法からそのほうへ移行してゆく傾向が見られる。しかし因三相にしても三支作法にしても、その形式を明確に規定し、それらの原理的な意義を明らかにし、それらにもとづいて論理体系を整理し完成したのはやはり陳那の功績である。それだけでなく、九句因の説はまったく彼独特の新説であって、そこに新因明の最大の特徴が見られるのである。

現量と比量

古因明と同様に、陳那の論理学もまた認識の源（量）を詳論する。これは西洋思想で言えば認識論にほぼ該当するものである。しかしインド論理学が認識の源（量）について特に強い関心を示す理由は、その論理学の目的が解脱にあり、したがって解脱のための認識がどんなものであるかが重大な問題となるからである。

陳那の場合にも事情はまったく同じである。古因明のところでも述べたように、二量説をとなえる学派は古くからあり、特に仏教の大部分は二量説を採用していたが、陳那の量論の特徴は、極めて厳密明解な二量説である。

まず彼は現量（サ、pratyakṣa）と比量（サ、anumāna）との二種の源だけを認め、譬喩量や聖言量（声量）は独立の認識源としては認めない（『正理門論』）。

その現量とは、直接的知覚のことであるが、必ずしも感覚だけに限らない。悟りの体験なども現量の一種である。そのように現量にはさまざまな種類があるが、それらに共通な特性として、陳那は、

「現量は分別を除く」

と言い、また、

「〔現量は〕唯内証《ないしょう》にして言を離る」

と言っている（いずれも『正理門論』）。つまり現量は直接的知覚であるから概念規定される以前のものであるというのが「分別を除く」ということの意味である。また「唯内証にして」とは、唯直接の体験であって、という意味である。直接の体験であるから、言表に

よって概念規定される以前のものである。それが「言を離る」ということである。それは『大乗起信論』において真理（真如）を依言真如《えごんしんによ》と離言真如《りごん》との二種に分けるのに相当するものである。依言真如とは言語表現によって概念規定された真理のことであり、離言真如とは、そのような概念規定以前の直接体験、つまり現量のことである。

陳那はこの現量を「除分別」および「離言」として明確に特徴づけたのであり、これは重要な意味を含んでいる。というのは、現量（直接知覚、直接体験）が概念規定を離れたものである以上、それはまた論理の外にあるものであり、したがって非合理なものである（ただし合理性の欠如としての不合理性ではない）、ということになる。しかも直接的な現量なしにはどのような認識もしないのであるから、認識は非合理性の地盤のうえに成立する合理的分別だと言わねばならない。非合理性をなくしては合理性はないのである。

現量の四つの種類

現量の種類として『正理門論』では四種を挙げている。第一は五識身《ごしきしん》、第二は五倶意識《ごぐいしき》、第三は自証分《じしようぶん》、第四は修定者《しゆじようしや》の現量である。

第一の五識身とは眼耳鼻舌身の五種の感官に対する五感である。第二の五倶意識とは五感とともに生起して五感を統一するもので、仏教用語で「意識」と名づけられるもので西洋哲学の統覚（apperception）に該当する。第三の自証分とは怒りや苦しみなど、いっさいの感情および自意識（末那識《まなしき》）のことである。これらは外部のものに対する知覚でなく、自己反省による自己自身に関する知覚なので、自証分と名づけられる。

これら三種の知覚は要するに外界に関する諸感覚と、その統一意識と、自己反省としての自己意識とであるから、この三種で現実世界の像が成立するわけである。したがってこの三種を統括して現実的知覚とでも名づけることができ、そしてこの現実的知覚のなかには当然怒りや苦しみなどの煩悩も含まれる。

けれども、解脱とはこのような煩悩の消滅した心境である。したがって、解脱時の知覚は普通の現実的知覚とはちがうはずである。陳那はこのような理由によって第四種の現量として修定者の現量を挙げた。これは修行によって解脱した人の直接的体験であり、いっさいの煩悩の消えた知覚である。このように認識の窮極である解脱の状態もまた現量であり、したがって「除分別」にして「離言」の状態であり、非合理性である。

認識は現実的知覚から出発して解脱に到達すべきものであるが、出発点の現実的知覚も到達点である解脱も、ともに現量（直接知覚）であり非合理である。認識は非合理から出て非合理に達するものであり、その過程が合理的思考となるのである。それを陳那は比量（推理）と名づける。現実的知覚としての現量（感覚、統覚、自意識）はこの比量以前のものであるから、いわば前合理的とでもいうべき非合理性である。しかし解脱の体験としての現量は比量以後のものであるから、超合理性とでもいうべき非合理である。だから、認識は前合理性（現量）→合理性（比量）→超合理性（解脱の現量）という過程をたどるものである。

陳那の現量の説にはこうした含みがあるが、それは認識における合理性と非合理性との、機能と限界とを正確にとらえた説であるといってよかろう。

認識の対象――自相と共相

陳那は、認識源として、このように現量と比量との二種を挙げているが、それは単に伝統に従っただけではなく、明確な理論的根拠のうえに立っての主張である。

彼によると、認識の対象は自相《じそう》（サ、sva-lakṣaṇa）と共相《ぐうそう》（サ、sāmānya-lakṣaṇa）に大別される。自相とは個別性ということであり、共相とは共通性、または一般性ということである。この自相（個別性）を認識するものが現量であり、共相（一般性）を認識するものが比量である。だから、この現量と比量との二種以外には認識源はないはずである。つまり聖言量（聖者の教説）や譬喩量などは基本的な認識源とは考えられないのであり、必然的に二量説とならざるを得ないのである。このような陳那の所論はまことに的確であって、現代の我々も、これに反論を加えることはほとんど不可能であろう。

二種の推理――自比量と他比量

現量と並ぶ第二の認識源の比量とは推量のことである。その推理を陳那は、さらに自比《じひ》量《りよう》（為自比量《いじひりよう》）と他比量（為他比量《いたひりよう》）との二種に分ける。

自比量とは論者が自己自身のために正しい認識を得るための推理であり、他比量とは論敵に正しい認識を得させるための推理である。自比量は、いわば自分の心の中で推理することであり、他比量はその推理を言葉にあらわして他人に示すことである。

この区別によると、他比量だけが言表され、自比量は言葉を用いないように見えるが、必ずしもそうではない。「言を離る」と言われるのは現量である。比量は言葉の媒介によって成立する認識である。その点では、自比量も他比量と区別がない。したがって両者の区別は、一方が言語を用い、他方が言語を用いないということではなく、自比量はいわば内部的言語（観念的な言語）を用い、他比量は外部的言語（音声や文字など）を用いるという相違であろう。

この区別は思考と通信との相違を考えるうえで重要である。単なる思考は音声に出さずとも心の中で言葉を組み合わせて考えるだけでよいが、思考を他人に伝達する通信は音声か文字かの媒介が必要である。陳那の他比量はこの通信化された比量（推理）である。

この自比量と他比量との区別は、単なる思考と通信との区別の、少なくとも萌芽を含んでいることはたしかである。しかし純粋の形式論理学の立場から見れば、思考も通信も同じ推理式に従わねばならないから、自比量と他比量とを特に区別する必要はなく、北川秀則氏の言うように、両者は「同種の比量である」と考えてよいであろう（北川氏『インド古典論理学』一三ページ）。

陳那は現量と比量との二種だけを認識源とし、分別《ふんべつ》（判断作用）を認識源とは考えなかった。これは彼だけのことではなく、古因明のところでも述べたように、インド論理学全般に共通の特性である。陳那ほどのすぐれた論理家も、時代の制約を完全に脱することはできなかったのであろう。

（2） 三支作法の推理

演繹推理の式として完成

陳那論理学の特徴の一つは、推理式を三支作法《さんしさほう》という形にまとめたことにある。古因明では五分作法を用いるのが通例であり、三支作法は陳那にはじまった。もっとも、その三支作法も、古因明の五分作法のなかに次第に変化があらわれてきて、陳那以前にすでにその下地ができてはいたのである。

先に古因明のところでも述べたように、『チャラカ本集』の五分作法は、論理的には四分作法であるが、その本質は類推推理だった。したがって演繹推理としての三支作法はまだそこからは出てこないのである。他方、『正理経』の五分作法は、本質的には三支作法となりうるものであるが、しかしそれは類推推理の性格を温存していて、純粋の演繹推理の式としては完全なものではない。『正理経』と同時代、または少し先の時代の文献『方便心論』は、五分作法を主題としては論じていないが、それが実例として掲げている五分作法は演繹推理の式となっており、それを整理すれば陳那の三支作法と同じものになる。

このように、陳那以前に五分作法から三支作法への準備は徐々に行なわれてきていたが、彼はそれを継承して、まぎれのない演繹推理の式としての三支作法を完成したのである。

三支作法の完全な形は次のようなものである。

(a) 宗《しゅう》　声は無常である。

(b) 因《いん》　〔声は〕所作性《しょさしょう》（作られたもの）であるから。

(c) 喩《ゆ》

(c)・1　同喩《どうゆ》

(c)・1・1　喩体《ゆたい》　すべて所作なるものは無常である。
(c)・1・2　喩依《ゆえ》　たとえば瓶の如し。
(c)・2　異喩《いゆ》
(c)・2・1　喩体　すべて常住なるものは非所作である。
(c)・2・2　喩依　たとえば虚空の如し。

これは演繹推理の式としては完全であって、誤りはどこにもない。そして、同喩にもとづく推理式(c)・1・(b)→(a)はアリストテレスの定言三段論法の第一格第一式であるBarbara式に該当し、異喩にもとづく推理式(c)・2・(b)→(a)は、その対偶に該当する。以下、それについてやや詳しく述べよう。

三支作法の矛盾律

宗（サ、pakṣa）とは論者の主張であるが、論理的には推理の結論のことであり、五分作法の場合には同一の判断を宗と結との二つの箇所でくりかえした。この宗には、『入正理論』（大正蔵三十二、一一ページ）によると、二つの特別の条件がある。第一の条件は、有法《うほう》（サ、dharmin）と能別《のうべつ》（サ、viśeṣana）すなわち法（dharma）とからなる、ということ。有法とは主辞であり、法とは賓辞である。アリストテレス流に言えば有法とは小概念

Sであり、法とは大概念Pである。つまり宗はSとPとからなる判断である、というのが第一の条件である。

第二の条件は、相違（サ、viruddha）を含まないこと。相違とは矛盾のことである。結論となるべき判断は矛盾を含んではいけない、というのであるから、これは矛盾律の一種である。

この二つの条件は、判断または命題一般の基本条件となるべきものであるが、因明では一般的には言わないで、ただ宗の条件としている（ここにもインド論理学の一般的形式化の不充分さが見られる）。

この二つの条件を打ち立てたのは陳那の弟子の天主の『入正理論』である。しかし、陳那は第一の条件は明言していないが、第二の条件（矛盾律）については詳論している。すなわち『正理門論』によると、相違（矛盾）には五種ある。第一は自語《じご》相違《そうい》、第二は自教《じきょう》相違、第三は世間《せけん》相違、第四は現量《げんりょう》相違、第五は比量《ひりょう》相違である。

第一の自語相違とは、「いっさいの言は虚妄である」というような主張であって、論敵の言を否定しようとして、かえって論者自身の主張までも否定してしまうような矛盾である。つまり自己矛盾を含む主張のことで、ギリシア論理学で言えば、有名な「クレタ人《びと》のうそつき論法」に該当するものである。この種の判断の矛盾は常識でもわかるが、記号論理的に厳密に分析してみると、次のようになる。まず「真」をW、「偽」（虚妄）をWの否定として$\overline{W}$、「言」をGであらわすと、「いっさいの言は虚妄なり」という判断は、

$(\forall x)\,[(x \in G) \Rightarrow (x \in \overline{W})]$ ……(イ)

となる。これは「すべてのxについて、xが言ならば、xは偽である」という意味である。

この判断をpとする。すなわち、

$p \Leftrightarrow (\forall x)\,[(x \in G) \Rightarrow (x \in \overline{W})]$ ……(ロ)

とする（⇔は二つの命題が相等であることを示す）。

次に全称命題から単称命題を導く法則にしたがって、(イ)の式から次の推理が成立する。

$$\left.\begin{array}{l} (\forall x)\,[(x \in G) \Rightarrow (x \in \overline{W})] \\ \hline \therefore\ (p \in G) \Rightarrow (p \in \overline{W}) \end{array}\right\}$$ ……(ハ)

ところが、(ロ)によって、pは言であるからこの推理の前提に等しいが、推理の前提は真であると仮定しなくてはならない。だから、

$p \in G$ ……(ニ)

となる。次に(ハ)の結論を大前提とし、(ニ)を小前提として推理を行なえば、

$$
\left.\begin{array}{l}(p \in G) \Rightarrow (p \in \overline{W}) \\ p \in G \\ \hline \therefore\ p \in \overline{W}\end{array}\right\} \cdots\cdots (ホ)
$$

しかるに推理の前提は真であるという仮定からすれば、

$$p \in W \quad \cdots\cdots (ヘ)$$

(ヘ)と(ホ)とを連言で結べば、

$$(p \in W) \cdot (p \in \overline{W}) \quad \cdots\cdots (ト)$$

この式は「pは真であり、しかも真でない」という矛盾命題である。つまり最初の(イ)の式から必然的にこの矛盾が生じてくるのである。そしてこの矛盾は、pが自己自身のなかに自己自身を代入して、自己否定に陥るところからうまれる。そこで陳那はこれを自語相違（自己矛盾）と名づけ、また、陳那に先立って無着《むじゃく》も『如実論』のなかで、「言語《ごんご》自《じ》相《そう》破《は》」という言葉ですでに指摘している。

第二の自教相違は、自己の教理に矛盾する判断のことである。これは自己矛盾判断ではないが、教理体系内の他の判断と矛盾する判断のことであり、したがって体系の矛盾をもたらす判断である。

第三の世間相違は、論理的に矛盾はないが世間の常識と矛盾する判断であり、第四の現量相違は、「声は聞こえるものではない」というような、経験的事実に反する判断。そして第五の比量相違とは、「瓶は永遠不変のもの（常）である」というような、人々が一致して認める推理と一致しない判断である。

陳那はこれらと並べて「宗因相違《しゅういんそうい》」という第六の矛盾を挙げている。これは宗（論者の主張）と因（その理由、すなわち小前提）とが矛盾する場合のことで、宗の矛盾ではないが、ともかく陳那は、宗となるべき判断は矛盾を含んではいけないことを、実に明瞭に論じており、無矛盾性を基礎とする合理的精神をはっきりと打ち立てているのである。

論争への備え―因（論理的理由）

因（サ、hetu）とは、原因とか理由のことであるが、『正理門論』では原因のことを生因《しょういん》と名づけ、理由のことを証了因《しょうりょういん》（了因《りょういん》）とよんで区別している。ここでは論理的理由、すなわち了因を指す。

陳那はこの因の条件として三つの条件を立てている。第一は「因《いん》は宗《しゅう》の法《ほう》である」ということ。宗というのは論者の主張であり、推理の結論たる判断であるが、ここではその判断の主辞Sを指すものと古来解釈されている。したがって「宗の法」とは「Sの賓辞」ということである。そのような賓辞になるものといえば、それは小前提のことではなく、その賓辞たる中概念Mのことである。したがって、この第一の条件は中概念Mは小概念Sの賓辞となること、あるいは、MがSを包摂すること、という条件であり、したがって「SはMである」ということ、つまり、

S⊂M

ということである。

第二の条件は、この「SはMである」という判断は論者と論敵がともに許すものでなくてはならぬということである。なぜこの条件が必要かというと、論者だけが認めて論敵が認めない前提から推理をしたのでは、「それは前提が誤りだから結論は成立しない」と論駁されてしまうからである。もっともこうした配慮は純粋に論理上の配慮ではなく、論争に関する注意であり、陳那の因明にはこの二種の問題が常に同居している。

第三の条件は「宗（小概念S）の法である因（中概念M）を立てる理由は、この因（中概念M）によって有法《うほう》（小概念S）の法（大概念P）を立てんがためである」ということである。これは条件というよりは、因の目的または機能というほうが適切かもしれない。

それはともかくとして、中概念Mとしての因は小概念Sと大概念Pとを結びつける機能をもつものでなくてはいけない、というのがこの条件である。なぜかといえば、「SはPである」という論者の主張を論敵が認めまいとするのであるから、SおよびP以外の要因

を用いてこれを証明するのでなくては、論敵は承服しないはずだからである。したがって、Sでもなく、Pでもなく、しかもSとPとを結びつける力をもつ第三のものMが必要になる、というのである。『正理門論』の言葉で言えば、「有法（S）が有法（S）を成す（確立する）のでもなく、また有法（S）が法（P）を成すのでもなく、法（P）が有法（S）を成すのでもない。ただ法（M）によって法（P）をなすのであり、このようにして〔法（M）がまた〕有法（S）を成すのである」。

このように中概念Mが小概念Sと大概念Pとを結びつけるには、SがMに包摂されるとともに、MがPに包摂されなくてはならない。すなわち、

（S⊂M）、（M⊂P）

が同時に成立しなくてはならない。このうち第一の条件（「SはMに包摂される」）を因の第一相、次の条件（「MはPに包摂される」）を因の第二相、そして、この第二相を否定形で表現して「Mでしかも非Pなるものはない」という形にした条件を因の第三相と言い、この三者を合して因の三相と言う。これは陳那論理学の一特性とするが、それについては後に再論したい。

ともかく、宇井博士もすでに論じているように（『著作選集』1、一九九ページ）、陳那が小概念Sと中概念Mと大概念Pとをまったく外延的な包摂関係によって考えていたことは

明白で、それによって三支作法が完全な演繹推理の式となりうるのである。

定言三段論法を成立させる喩体

喩（サ、udāharaṇa）は、本来は実例によって因（理由）を支持することであり、古因明の五分作法ではそのように使われている。しかし古因明のなかでも『チャラカ本集』の場合と『正理経』の場合とでは喩の構造が相当ちがっており、前者の場合には喩はまったくの実例であり、したがってそれを前提とする推理は類推推理となる。

しかし『正理経』の場合には、喩は単なる実例だけではなくなり、陳那の論理学ではそれがさらに徹底して、喩は実例と全称判断との二部分から成るものとされる。この場合、実例の部分を「喩依」、全称判断の部分を「喩体」とよぶ。たとえば、

宗　声は無常である。
因　〔声は〕所作性だからである。

という宗と因とに対して、喩は次のようなものとなる。

喩体　すべて所作なるものは無常である。
喩依　たとえば瓶の如し。

これを記号論理的に表現すれば、

宗　$S \subset P$

因　$S \subset M$

喩体　$(\forall x)\{(x \in M) \Rightarrow (x \in P)\}$

次に喩依の「たとえば瓶の如し」をどう表現するかが問題であるが、これは「たとえば瓶は所作なるものであるから、無常であるが如くである」と解するのが自然であろう。そうすると、「瓶」をTであらわせば、

喩依　$(T \subset M) \Rightarrow (T \subset P)$

となる。喩体と喩依とを連言の形で結んで喩をあらわせば、

喩　$(\forall x)\{(x \in M) \Rightarrow (x \in P)\} \cdot \{(T \subset M) \Rightarrow (T \subset P)\}$

ところがこの式の前半、すなわち喩体の部分は全称判断ではあるが、これを包摂関係に書き換えれば、

$(\forall x)\{(x \in M) \Rightarrow (x \in P)\} \Leftrightarrow (M \subset P)$

となる。したがって、

喩　$(M \subset P) \cdot \{(T \subset M) \Rightarrow (T \subset P)\}$

となる。これを再び宗および因と並べてみれば、喩体だけあれば推理は成立することがわかる。すなわち、

喩体　（大前提）　M⊂P
因　（小前提）　S⊂M
宗　（結　論）　∴S⊂P

この推理式はアリストテレスの定言三段論法第一格第一式（Barbara）である。このように喩体・因→宗という形の推理はまぎれもなく演繹推理であり、しかもアリストテレス三段論法のもっとも標準的な式と同一のもので、喩体（実例）はまったくの蛇足になる。

しかし喩依を大前提として考えてみれば、次のような推理が成立する。

喩依　（大前提）　（T⊂M）⇒（T⊂P）
因　（小前提）　S⊂M
宗　（結　論）　∴S⊂P

これは一種の類推推理の式であるが、これだけでは論理的には不充分である。したがって三支作法の論理上の本質は喩体・因→宗という推理のほうにあるのであって、実例としての喩依は、単に説明として付加したものにすぎないと考えてよいはずである。このように解すれば、陳那の三支作法はアリストテレスの Barbara 式とまったく同じものであり、彼はアリストテレスとともに古典的形式論理学の頂点に到達したと言える。

しかもそれは、陳那が喩の意味をまったく変更することによって達成したのである。つまり、喩はそれまで実例であり、したがってそれを前提として推理することは類推推理であって完全な演繹推理とはなりえなかったのを陳那は変更して全称判断とし、これを大前提としたために類推推理が演繹推理に変わり、定言三段論法が成立したのである。

喩を区別する同喩・異喩の理論

喩に関して、陳那はさらに、同喩と異喩とを区別した。この区別はすでに『正理経』にも見られ、その異喩には論理上の難点があった。しかし陳那の同喩・異喩の理論には難をはさむ余地を残していない。

同喩というのは前述したような肯定的な大前提、異喩はその同喩を否定の形に書き換えたものである。たとえば、

同喩

喩体　すべて所作なるものは無常である。

喩依　たとえば瓶の如し。

に対して、

異喩

喩体　すべて常住なるものは非所作である。

喩依　たとえば虚空の如し。

となる。これを記号論理的に分析すると、同喩はすでに述べた通り、

$(M \subset P) \cdot \{(T \subset M) \Rightarrow (T \subset P)\}$ ……(イ)

である。これに対して異喩のほうは、「常住」という「無常」（P）の否定であり、「非所作」も「所作」（M）の否定である。また実例としての「虚空」をRであらわすと、異喩は、

$(\forall x)\{(x \in \overline{P}) \Rightarrow (x \in \overline{M})\} \cdot (R \subset \overline{P}) \Rightarrow (R \subset \overline{M})\}$ ……(ロ)

となる。この式の前半は、

$(\forall x)\{(x \in \overline{P}) \Rightarrow (x \in \overline{M})\} \Leftrightarrow (\overline{P} \subset \overline{M})$ ……(ハ)

であるから、異喩はまた、

$(\overline{P} \subset \overline{M}) \cdot \{(R \subset \overline{P}) \Rightarrow (R \subset \overline{M})\}$ ……(ニ)

となる。これを(イ)の同喩の式と比較してみると、両者の喩体の部分は対偶（contraposition）の関係にあるので相等になる。すなわち、

$(M \subset P) \Leftrightarrow (\overline{P} \subset \overline{M})$ ……(ホ)

となる。したがって、喩体だけについて言えば、同喩と異喩とを連言の形で並列するのは論理的には同じことの重複であって、宇井博士の指摘したように、どちらか一方を消去し

てよいはずである（『著作選集』1、二三六ページ）。異喩のほうを消去すれば、推理式はすでに述べたように定言三段論法第一格第一式となる。また同喩のほうを消去すれば、

喩　$\overline{P} \subset \overline{M}$

因　$S \subset M$

宗　$\therefore S \subset P$

となる。これは定言三段論法の第二格に属するものである。先に古因明のところでも言ったことだが、ここでも明らかなように、インド論理学には単に第一格だけでなく、第二格の三段論法もあったのである。ただ、同喩と異喩とは別々に扱われず、両者は連言の形で一つにまとめられるので、推理も第一格と第二格との複合となり、

$$(M \subset P) \cdot (\overline{P} \subset \overline{M})$$
$$S \subset M$$
$$\therefore S \subset P$$

という特殊な式となっている。しかしその本質は第一格第一式と等しいものといってもよいであろう。

もっとも、このように言うのは喩体に関してだけ考えた場合であって、喩依をこれに加えて考えるときには多少事情が異なる。北川氏が詳細に論述されているように、同喩の場

合には「MはPに包摂される」（または「すべてのMはPである」）という関係は肯定的な関係であるから、それを示す実例が少なくとも一つ示されなくてはならないが、異喩は否定的な関係であるから、それを示す実例が存在しない場合もありうる。たとえば「すべての作られたものは無常である」という同喩に対して、「すべての常住なるものは作られたものではない」という異喩を考えた場合、仏教の立場から言えば常住なるものは存在しないはずであるから、異喩に対する実例は考えられないことになる。その場合には異喩は、

$(\overline{P}\subset\overline{M})\cdot(\overline{P}=0)$ ……(ヘ)

となる（0は要素のない空集合を示す）。したがって、実例（喩依）を加えることを不可欠の条件とするならば、このような異喩だけでは推理の大前提とはならず、これに同喩を加えなくてはならなくなる。したがって北川氏が、同喩は単独で（異喩なしに）大前提となりうるが、異喩は同喩を伴わねば大前提となりえない、と論じているのは正しい（北川氏、前掲書、四四ページ、五一ページ、二六六ページ）。しかし純粋に形式論理的にみれば、(ヘ)の形の異喩を変形すれば、

$(M\subset P)\cdot(P=I)$ ……(ト)

となる（Iはすべての要素を包む全集合を示す）。しかもこの式は大前提となりうるものである。したがって(ヘ)の形の異喩も単独で大前提となりうるのである。

三支作法の特異性

以上を要約して言えば、三支作法は純論理的見地からみれば、諸概念の外延的包摂関係にもとづく演繹推理の式であって、アリストテレスの定言三段論法第一格第一式(Barbara式)に該当し、それに大前提の対偶を付加したものである。しかし陳那の三支作法には純論理的要因以外の、論争上または通信上の要因が加わっている。それが自比量と他比量との区別となり、また喩体と喩依との区別となり、同喩と異喩との相違ともなるのである。そこに陳那が克服しきれなかったインド思想の癖があるとも言える。

しかし、それは必ずしも欠点とは言いきれない。というのは、このような論争も結局は解脱をめざすものであるが、解脱という非合理的な体験は明らかに論理の合理性の限界を超えるものであり、合理性万能の考えに対してその限界をはっきりと示すものでもあるからだ。なお、この合理性と非合理性との関係をさらに鋭く追求したのは、竜樹(Nāgārjuna)を中心とする弁証法の思想であるが、それについては後で述べることとしたい。

(3) 因の三相

術語――「同品」と「異品」

三支作法と並んで陳那論理学を特徴づける論理に因の三相説がある。この因の三相を述べるには、まずその術語を説明しておかねばならない。それは同品《どうほん》と異品《いほん》という言葉である。

同品（サ、sapakṣa）とは、sa は共通という意味であり、pakṣa は宗であるから、「宗を共通にもつもの」という意味になる。この場合、宗（pakṣa）というのは結論となる判断（「SはPである」、「SはPに包摂される」）ではなくて、その判断の賓辞Pを指すものと解釈されている。したがって「宗に共通なもの」としての同品とは、宗賓辞（大概念）Pに属するあらゆる個物の集合のことであり、宇井博士の表現をかりて言えば「宗賓辞の外延全体」ということになる（『著作選集』1、二〇三ページ）。そして現代の記号論理学で表現すれば、

$$P = df\ \hat{x}(x \in P)$$

となる。右辺の記号は「Pに属するものの集合」を意味し、左辺のPは集合Pを意味する。

つまり、同品とはPによって定められる集合のことである。

同様に、異品（サ、vipakṣa, asapakṣa）とは、宗賓辞Pの外延以外のもの、したがって「Pに属さない個物の集合」のことであり、現代論理学で言えば、集合Pの補集合$\overline{P}$に該当する。すなわち、否定を波型〜であらわせば、

$$\overline{P} =_{df} \hat{x} \sim (x \in P)$$

というのが異品である。さらに、同品と異品とを幾何学的に表示すれば第2図のようになる。

第2図

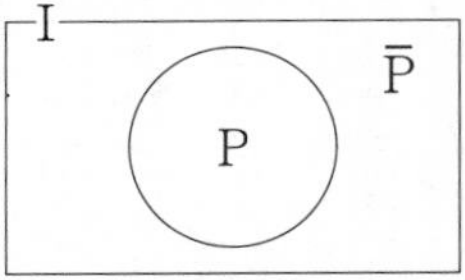

P＝同品
P＝I－P
＝異品

この図にあって、Iは考えられうる個物の全集合を示す。すると、異品$\overline{P}$はPの補集合であるから、IからPを引いた残りに等しくなる。したがって異品と同品との基本関係は、

$$\overline{P} = I - P$$

という式であらわされる。また、同品と異品との共通部分（積）はないのであるから、

$$P \cap \overline{P} = 0$$

となる（この式の左辺の∩はPと$\overline{P}$との共通部分を示す記号であり、右辺の0はそれが存在しないことを示すのである）。

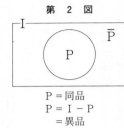

さて、因の三相とは次の三種の条件のことである（『入正理論』大正蔵三十二、一一ページ）。

(a) 第一相——遍是宗法性《へんぜしゅうぼうしょう》（サ、pakṣadharmatva）
(b) 第二相——同品定有性《どうほんじょうようしょう》（サ、sapakṣe sattva）
(c) 第三相——異品遍無性《いほんへんむしょう》（サ、vipakṣe asattva）

この三条件は、いずれも三支作法の推理を妥当ならしめるための条件であるが、そのうち第一相は因（小前提）に関する条件であり、第二相は喩（大前提）に関係するものであり、第三相は第二相の否定的表現である。

第一相——遍是宗法性

サンスクリットの pakṣa は宗、dharma は法、tva は抽象名詞の語尾であるから性にあたる。だから本来はただ「宗法性」というだけであって、「遍是」は漢訳者による説明的な付加語である。「宗法性」というのは「宗の法たること」の意味、宗とは宗主辞（小概念）Sのことである。したがって「宗の法」とは因（中概念）MがSの賓辞となることである。しかも「遍是」という説明がついているように、MがあらゆるSの賓辞になることである。したがって第一相とは「あらゆるSはMである」または「SはMに包摂される」

という条件である。記号論理的に書けば、

(∀x)〔(x∈S)⇒(x∈M)〕……(イ)

または、同じことであるが、

S⊂M……(ロ)

となる。もっとも、SとMとが同じ外延となる場合、つまり、

S＝M……(ハ)

の場合も考えられる。しかしこの場合にはSとMとは外見上同じ概念になってしまうので、「SはPである」を証明するための理由としてMを用いる根拠がなくなり、古因明のところで述べた「到・不到の詭弁」となってしまう。したがって(ハ)の場合を除外して、ただ(イ)または(ロ)だけを第一相とするのである。そしてこの第一相の条件をみたさないときには因(小前提)は成立しないことになるので、第一相は因(小前提)の条件となる。この条件をみたさない判断は見かけは因(小前提)のように見えても、実は正しい因(小前提)ではないので、これを「不成似因《ふじょうじいん》」と名づけて排除しなくてはならない。

陳那の『正理門論』にも、天主の『入正理論』にも四種の不成似因が挙げられているが、インド思想はこの種の思弁については実に緻密であって、中国や日本の思想とは大いに異なるものがある。

第二相─同品定有性

サンスクリットでは sapakṣe sattva であるが、sapakṣe は「同品において」、sattva は「存在する」の意。同品とは、先に説明したように宗賓辞（大概念）Pの外延のことである。したがって「同品において存在する」とは因（中概念）MがPのなかにあることであり、したがって「MはPに包摂される」、または「MはPである」ということになる。記号論理的に書けば、

M⊂P……㈡

である。これは中概念Mと大概念Pとの関係であるから、明らかに喩（大前提）の条件である。しかしMとPとが等しい場合、すなわち、

M＝P……㈭

となる場合にも、喩（大前提）は成立するから、㈡と㈭とを選言でつないだもの、

(M⊂P)∨(M＝P)……㈬

または同じことであるが、

M⊆P……㈦

これを第二相と考えるべきである。

第三相―異品遍無性

vipakṣe asattva というのは「異品においては存在しない」という意味である。異品は、先に説明したようにPの外延以外のものであり、したがって $\bar{P}$ の外延である。その異品に因（中概念）Mが全然存在しない、というのであるから、記号論理的に言えば、Mと $\bar{P}$ との共通部分が0になること、したがって、

$(M\cap\bar{P})=0$……(チ)

ということである。これが第三相である。ところが、(チ)の式を変形すると、

$[(M\cap\bar{P})=0]\Leftrightarrow(\bar{P}\subset\bar{M})$ ……(リ)

第 3 図

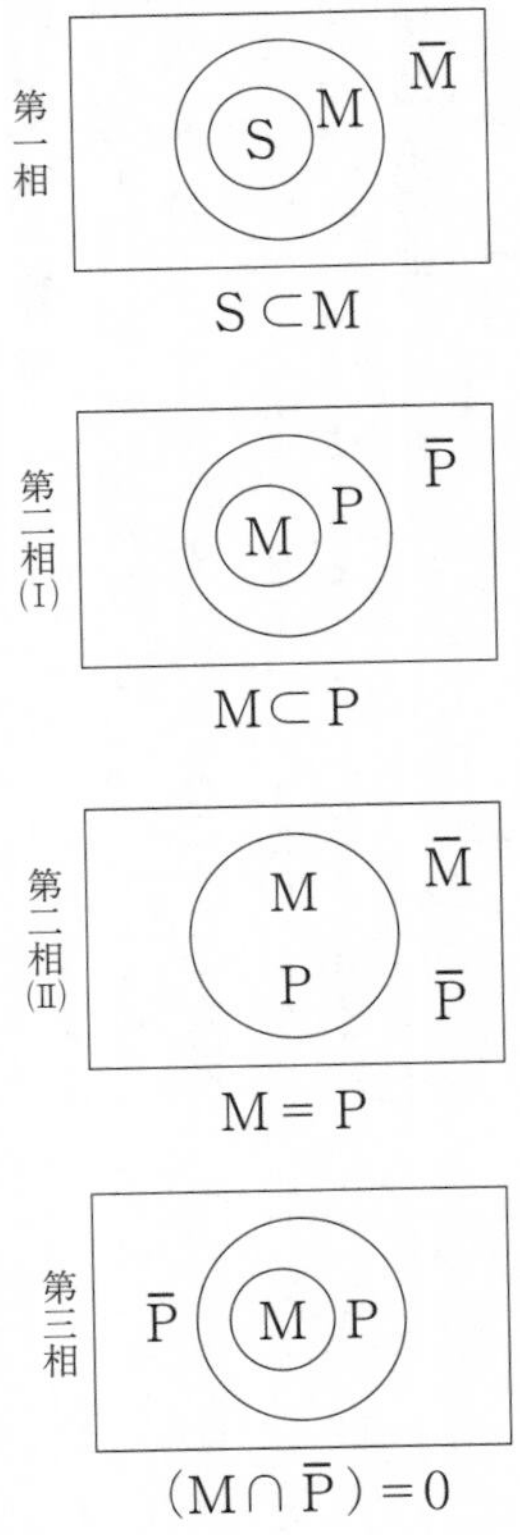

となる。したがって第三相は第二相の(ニ)式の対偶となるので、第二相を否定的な形で表現したものにすぎなくなる。つまり、宇井博士が論じているように「二相を並挙せずとも、いずれか一相をいえばそれで十分である」ことになる（『著作選集』1、一四四ページ）。

要するに第一相は推理の小前提の条件、第二相は大前提の条件、第三相はその否定的形式であり、この三条件によって三支作法は正確な定言三段論法になるのである。

なお、因の三相を幾何学的に表示すれば、第3図のようになる。

因の三相についての新旧の解釈

しかし、右のような解釈には異論がないでもない。北川氏の詳細な研究によると、

M⊂P……(ル)

という関係は随伴関係（サ、anvaya）と言うべきであって、第二相ではない。第二相は「MとPとの共通部分が0ではない」または「MかつPが0ではない」ということで、記号論理的に書けば、

(M∩P)≠0……(ヌ)

という関係である。したがって第二相を随伴関係と同一視してはいけないというのである。そして第二相が(ヌ)式であるとすれば、「Mと非Pとの共通部分は0である」（「MはPではな

い」）ということは第二相だけでは不明であるから、それを明示して、

$$(M \cap \overline{P}) = 0 \cdots\cdots (チ)$$

を付加しなくてはならない。これが第三相である。したがって第二相と第三相とを合わせることによって三支作法は正しい推理式になるのであるから、第三相を無用のものと考えるのは誤りである、ということになる（北川氏、前掲書、五〇ページ）。

これはたしかに正しい解釈である。ただ陳那は、第二相と第三相とを同喩と異喩とに等しいものとして考えているようでもある。しかも同喩と異喩とは少なくとも喩体に関しては対偶関係にあるので、第二相と第三相とも対偶関係にあると考えてよいことになる。そうすれば、私がここに述べたような旧来の解釈が成立することになる。

（4）九句因

三支作法の正誤を弁別

三支作法も因の三相も、陳那論理学の特徴をなすものではあるが、どちらも必ずしも彼の独創ではない。しかし九句因《くくいん》の説はまったく彼の考案になるもので、これによって三支作法の正誤が明瞭に弁別される。もっとも、純論理的に見れば九句因は因の三相の応用で

あって、原理としての重要さは因の三相にある。しかし、妥当な推理式と妥当でない推理式との実際上の区別は九句因によらねばわからない。

九句因というのは、因（中概念）Mが宗賓辞（大概念）Pに対してもつ関係を完全枚挙したうえで、喩（大前提）として正しいものと正しくないものとを区別した表である。因（中概念）Mと宗賓辞（大概念）Pとの組み合わせは次のようにして考えられる。

(a) Mが同品《どうほん》Pに対して、有か非有か有非有かの三つの関係のうち、どれか一つの関係をもつ。

(b) Mが異《い》品《ほん》$\overline{P}$に対して、有か非有か有非有かの三つの関係のうち、どれか一つの関係をもつ。

(c) したがって、Mが同品Pと異品$\overline{P}$と両方に対して結ぶ関係の総数は、(a)と(b)との順列によって定まるので、3×3＝9、つまり九種類の結合があることになる。

有・非有・有非有が構成する九句

九句因を構成しているものは、有・非有・有非有という三つの関係であるが、

(a) 有とは二概念、たとえばAとBとが外延を等しくすること、すなわち、

A＝B

ということである。

(b) 非有とは、AとBとが共通部分をもたないこと、すなわち、

$(A \cap B) = 0$

であることである。

(c) 有非有とは、AがBに包摂されて、Bの一部を占めること、すなわち、

$A \subset B$

であることである。

九句因は、因（中概念）Mと同品Pおよび異品$\overline{P}$との間に、それぞれこの三種の関係を結ばせる。たとえば、第一句は「同品有異品有」と言うが、それは「MがPに対して有であり、非Pに対しても有である」という意味である。これを記号論理的に分析すると、

$(M = P) \vee (M = \overline{P})$ ……(イ)

という選言式であらわされるはずである。もっとも北川氏の研究によれば、「同品有異品有」は必ずしも(イ)式の如くにはならない。氏の図形的標示を分析してみると、第一句は、

$M = (P \cup \overline{P})$ ……(ロ)

となる（北川氏、前掲書、三三一ページ）。また中村元博士の図解も同様に分析することができる（『中村元選集』10、五八六ページ）。しかし九句因を、ただ純粋に論理的に分析してみ

れば、第一句を(ロ)と解するよりも、(イ)と解するほうが自然であり、整合的であるように思われる。特に後に見るように、正誤の判別を行なうには、(イ)式に従えば、はなはだ簡潔に判定ができるのである。したがって疑問を残したまま一応(イ)の形で解釈を進めてゆくこととしたい。すると残りの八句も第一句と同様に分析されるので、それを次に列挙しよう(『正理門論』、『入正理論』)。

第一句　同品有異品有　$(M=P)\vee(M=\overline{P})$

第二句　同品有異品非有　$(M=P)\vee\{(M\cap\overline{P})=0\}$

第三句　同品有異品有非有　$(M=P)\vee(M\subset\overline{P})$

第四句　同品非有異品有　$\{(M\cap P)=0\}\vee(M=\overline{P})$

第五句　同品非有異品非有　$\{(M\cap P)=0\}\vee\{(M\cap\overline{P})=0\}$

第六句　同品非有異品有非有　$\{(M\cap P)=0\}\vee(M\subset\overline{P})$

第七句　同品有非有異品有　$(M\subset P)\vee(M=\overline{P})$

第八句　同品有非有異品非有　$(M\subset P)\vee\{(M\cap\overline{P})=0\}$

第九句　同品有非有異品有非有　$(M\subset P)\vee(M\subset\overline{P})$

正因・相違因・不定因

このように、九句因は喩（大前提）の種類を完全枚挙したものであるが、そのすべてが喩（大前提）として正しいわけではない。そこで、それらの正誤を次に弁別しなくてはならないが、その標準となるものは、先に説明した因の三相のうちの、第二相と第三相とである。第二相は同品の条件で、

$(M \subset P) \vee (M = P)$ ……(ハ)

であり、第三相は異品の条件で、

$(M \cap \overline{P}) = 0$……(ニ)

である。九句因のなかでこの二つの条件をみたすものは、第二句と第八句の二つだけである。第二句は(ハ)式の後半と(ニ)式をみたし、第八句は(ハ)式の前半と(ニ)式とをみたす。だからこの二句だけが正しい大前提となりうるものであって、これを正因《しょういん》とよぶ。少し詳しく考えてみれば、まず第二句は、

$(M = P) \vee [(M \cap \overline{P}) = 0]$ ……(ホ)

であるが、この式の後半を変形すると、

$[(M \cap \overline{P}) = 0] \Leftrightarrow (M \subset P)$ ……(ヘ)

となる。したがって(ホ)式は、

$$(M=P)\vee(M\subset P)\quad\cdots\cdots(ト)$$

となるが、これは(ハ)式と相等であって第二相そのものである。第八句もほぼ同様の変形によって第二相に還元できるので、正しい大前提であることがわかる。

第四句と第六句とは、ともに第二相にも第三相にも矛盾しているので、大前提とはなりえない。したがってこれらを相違《そうい》因《いん》と名づけて排除する。相違因とするのは、それらが第二相および第三相に相違（矛盾）するからである。第四句について少し詳しく考察すれば、まず第四句は、

$$[(M\cap P)=0]\vee(M=\overline{P})\quad\cdots\cdots(チ)$$

となるが、これを変形すると、前半は、

$$[(M\cap P)=0]\Leftrightarrow(M\subset\overline{P})\quad\cdots\cdots(リ)$$

となり、後半は、

$$(M=\overline{P})\Leftrightarrow[(M\subset\overline{P})\cdot(\overline{P}\subset M)]\quad\cdots\cdots(ヌ)$$

となる。したがって(チ)式は、

$$[(M\subset\overline{P})\vee[(M\subset\overline{P})\cdot(\overline{P}\subset M)]\quad\cdots\cdots(ル)$$

となるが、この(ル)式を命題論理学の簡単な計算で変形すると、

$$M\subset\overline{P}\cdots\cdots(ヲ)$$

となる。これは第三相に反する。したがって、第四句は第三相に反するので、大前提としては誤りとなる。第六句も同様な分析ができる。

正因と相違因とを除く残りの五句は第二相か第三相かのいずれか一方をみたすので、大前提として正しい場合もあり、正しくない場合もある。したがってこれらは不定因《ふりょういん》と名づけられる（「不定」は「不成」と区別するために、「ふりょう」と読む）。たとえば、第一句「同品有異品有」は、

$$(M=P)\vee(M=\overline{P}) \quad \cdots\cdots (ワ)$$

であるが、この式の前半、

$$M=P\cdots\cdots (カ)$$

は第二相をみたし、しかも後半、

$$M=\overline{P}\cdots\cdots (ヨ)$$

は第三相に反している。したがって(カ)式が真で(ヨ)式が偽の場合だけ(ワ)式は第二相に一致して、第一句は正しい大前提となる。その他の場合には第一句は第二相に反するか、または第三相に反するかして、正しい大前提とならない。したがって第一句は不定因となる。

共不定因と不共不定因

しかも、第一句は同品に関してもまた異品に関しても、(カ)式と(ヨ)式とのように、ともに肯定の形をなしている。したがってこれを共不定因《ぐうふりよういん》と名づける。第一句と同様に第三、第七、第九句も共不定因である。

同じ不定因ではあっても、第五句「同品非有異品非有」は、

$$[(M \cap P)=0] \vee [(M \cap \overline{P})=0] \quad \cdots\cdots (タ)$$

となるが、この式でもわかるように、同品に関しても異品に関しても否定の形をなしている。したがって先の四種の共不定と区別して、第五句を特に不《ふ》共不定因《ぐうふりよういん》と名づける。そしてこれは、同品に関してもMとPとに共通なものがなく、異品に関してもMと非Pとに共通なものがないので、どの実例をも示すことができない。したがって実例（喩依）を大前提（喩体）にそえることがたてまえになっているインド論理学としては、この第五句はまったく特殊な、扱いにくいものと考えられている。しかし(タ)式を変形すれば、

$$(M \subset \overline{P}) \vee (M \subset P) \quad \cdots\cdots (レ)$$

となり、これは第九句に等しくなる。だから、記号論理的には第五句を特別扱いする必要はあるまいと考えられる。もっとも、第五句(タ)式の前半、

$$(M \cap P)=0 \quad \cdots\cdots (ソ)$$

は第二相の否定だから、この点が他の四つの不定因とちがっているとは言える。つまり、共不定因と言われる四種の不定因は、第二相に一致して第三相に反するが、第五句は、第三相に一致して第二相に反するのである。

インド論理学を完成の域に

以上を総括して言えば、九句因は推理の大前提のあらゆる場合を完全枚挙したものであるが、その正誤は因の三相、特に第二相および第三相への一致不一致によって決定される。それを分類すれば、

(a) 正因（第二相、第三相の両方に一致するもの）――第二、第八句。
(b) 相違因（第二相、第三相の両方に反するもの）――第四、第六句。
(c) 不定因（第二相または第三相のいずれか一方に一致し、他方に反するもの）。
(c)・1 共不定（第二相に一致し、第三相に反するもの）――第一、第三、第七、第九句。
(c)・2 不共不定（第三相に一致し、第二相に反するもの）――第五句。

となる。

この九句因、特に正因によって推理の大前提（喩）の形が具体的に決定され、これに因の第一相によって決定する小前提（因）を加えれば、妥当な三段論法の推理が成立するこ

となり、推理論としてのインド論理学は完成の域に達するのである。そしてそれは先に述べたように、本質上はアリストテレスの Barbara 式およびその対偶的変形である。その限りでインド思想の合理性は、数世紀遅れてはいるが、まったく独力でギリシア思想の合理性と同じ頂点に到達したのである。

ただし、九句因に関しては、さまざまな解釈を容れうる余地があり、ここに示したのはあくまでその一例である。

4　インドの弁証法

(1)　インド思想の合理性と非合理性

合理性を否定して非合理性へ帰る竜樹

インド思想が極めて合理的な性格をもつものであることは先に述べた新古の因明によって明らかである。しかしいくら合理的であっても、インド思想は近代科学とはちがうし、また古代ギリシア思想ほどに合理性に徹底していたわけではない。それは本来が宗教思想であり、解脱の体験を最大の関心事とする思想であるから、その合理的思弁も解脱の手段としてだけ価値を認められるのであって、単なる知的興味から合理性を追求するということはほとんどない。したがって合理性と並んで、これを超える非合理性が常に考えられており、そこに合理性と非合理性との関係が重大な問題となってあらわれてくる。そしてこの問題をもっとも尖鋭にかつ徹底的に追求したのは竜樹《りゅうじゅ》（Nāgārjuna）の『中論《ちゅうろん》』である。

竜樹はあらゆる合理的思考のなかに自己矛盾という不合理性を見出だして、それをもって合理性を否定し、非合理的体験へ転換してゆく。それは明らかに合理性の否定ではあるが、単なる否定ではない。

大体、合理性の否定は『般若経《はんにゃきょう》』の系統には早くから見られ、特に『維摩経《ゆいまきょう》』では、合理的思弁に対しては沈黙をもって答えるという態度が見られる。これが有名な「維摩の一《いち》黙《もく》雷の如し」ということである。しかしこれは初期仏教の「無記」の思想に源を発している。無記とは、先に述べたように、形而上学的問題については、「然り」とも「否」とも答えないで、判断を中止することである。維摩の一黙もまた同じことであって、解脱の体験を思弁的にしゃべるのはまったく無意味なので、判断を中止して黙るよりほかにない。それを実際の態度で示したのが、その一黙である。

このように古くから合理的思考を否定する試みはあったのであるが、竜樹の合理性否定には極めて独特なものがある。つまり竜樹は、判断中止や一黙によって合理的思考をしりぞけるのではなく、合理的思考の自己矛盾によって、合理的思考そのものをいわば自殺に追い込む。合理性によって合理性を否定するのである。だから竜樹は維摩居士が沈黙したのと正反対に、徹頭徹尾考えぬいて、論敵が音《ね》をあげるまで論じ尽くすのである。

西洋の肯定に対する否定の弁証法

これは、中国や日本にはまったく見られない態度で、ギリシアのソクラテスの対話に類似したものを見ることができる。ソクラテスは飽くことなく議論を重ねて、一見合理的と見える論敵の思想のなかに矛盾を発見し、それをもって論敵の思想を克服して、新しい確固たる思想を獲得しようとした。このソクラテスの対話が西洋の弁証法（dialectic）の一つの源となるのであるが、これと類似した竜樹の論法もまた一種の弁証法ということができる。

しかしソクラテスの、また彼からはじまる西洋の弁証法と竜樹のそれとはある一点ではなはだしく相違している。ソクラテスは対話によって論敵の思想を次々と否定してゆくが、そのはてに確固不動の合理的知識を得ることができると考える。したがってその弁証法は矛盾（不合理性）を介して低い合理性から高い合理性へ移動することであるから、決して合理性を否定して非合理性へ向かうことではない。合理性の範囲内で成立する弁証法である。したがってそれは肯定的弁証法とでも名づけることのできるものである。西洋の弁証法は、多少の例外はあるが、概して言えばこの種の肯定的弁証法で、近世以後だけを見ても、ヘーゲルの絶対精神の弁証法も、マルクスの唯物弁証法も、いずれも合理性の範囲内で考えられる肯定的弁証法である。

竜樹の弁証法はこれとちがって、合理性の自己矛盾を手がかりに、合理性そのものを放棄して非合理性に帰ってゆく弁証法である。それは合理性の範囲内にとどまる肯定的弁証法ではなく、その範囲を破って合理性の外へ出る否定的弁証法であり、これが竜樹思想の根本の特徴である。

一度は否定した合理性へ帰る世親

インド思想、あるいは少なくともインド仏教のなかの弁証法はこのように竜樹によって代表されるが、唯識系統にもこれとは多少形のちがう弁証法が見られる。竜樹の否定的弁証法の具体的な形は論敵の説の不合理性を露わにして、これを論破することである。したがってそれはムルティ（T.R.V. Murti）が言うように、reductio ad absurdum（帰謬法）である（*The Central Philosophy of Buddhism*, p.140）。

これに対して、唯識系統の弁証法は同じく合理性と非合理性との関係を扱うとしても、単に合理性を論破するだけではなく、解脱の体験という非合理性から再び合理性に帰って、これを合理性の立場から見なおすのである。したがって竜樹の弁証法が合理性の否定を主としたのと異なり、唯識系の弁証法は合理性をひとたびは否定しひとたびは肯定する。したがってそれは単純な否定的弁証法ではない。といっても、終始合理性のなかにとどまる西洋流の単なる肯定的弁証法でもない。それは解脱の体験という非合理性を主体とする一種の否定的弁証法をふまえているにはちがいないが、それを再び合理化するという点で肯定を含むのである。したがってそれは外形的には肯定の弁証法と言うべき形態をもつのである。

このような唯識系の弁証法を代表するのは世親《せしん》（Vasubandhu）の『唯識三十頌《じゅ》』である。以下、竜樹と世親をとおしてインド弁証法の論理をたどってゆきたい。

（2）竜樹の弁証法 I

二種のものの見方――二諦説

竜樹（Nāgārjuna）は南インドの出身で、西暦二世紀から三世紀の間の人物である。だから因明の完成者陳那と同じ地方の出ではあっても、それよりも数世紀先輩にあたる。その主著『中論』や『廻諍論』を見ると、異常なまでに鋭利な理論的分析能力をもっていたことがわかる。しかし彼は単に論理をもてあそんでいたわけではなく、宗教的体験のうえでも常人を超えて深いものがあったらしい。その弁証法的思索はこの体験に裏づけられたものでなければ、あれほど徹底した論駁はできるものではない。彼の弁証法を考察するには、まず彼の思想の一つの特徴となっている「二《に》諦《たい》説」がある。

竜樹は、ものの見方に二種あるとする。真諦《しんたい》（第一義《だいいちぎ》諦《たい》、サ、paramārtha-satya）と俗諦《ぞくたい》（世《せ》俗諦《ぞくたい》、サ、lokasaṃvṛti-satya）とである（『中論』二十四、第八偈）。この二諦は初期仏教の四諦のうち、苦・集・道の三つを俗諦とし、滅を真諦とする、と解される（Murti, *op. cit.*, p. 252）。真諦は解脱の心境であり、俗諦はその前段階または手段となる。竜樹自身も「俗諦によるのでなければ、第一義（真諦）は得られない」（『中論』二十四、第十偈）とし、それにつづいて、「第一義（真諦）を得なければ、涅槃は得られない」（同上）と言う。だから、俗諦は真諦の手段ではあるが、真諦もまた涅槃（解脱）の手段と考えられているようでもある。したがって真俗二諦は解脱の手段のうえでの区別であって、解脱は二諦の外に立つと考えられる。

これは三論宗系統の解釈であって、竜樹の原意にもっとも近いと言われる（『宇井伯寿著作選集』4、「三論解題」三七ページ）。しかし清弁（Bhāviveka）は竜樹の真諦を解釈して、これを二分し、言表可能なる絶対と言表不可能なる絶対とを考え、また俗諦をも二つに分け、妥当な俗諦と妥当ならざる俗諦（たとえば幻想）とを考えたといわれる（Murti, *op. cit.*, p. 248）。この解釈に従えば、「言表不可能なる絶対」が解脱としての真諦であり、「言表可能なる絶対」が三論宗的な真諦となる。それで宇井博士によると、一般に「言表不可能なる絶対」としての真諦を理の真諦と言い、「言表可能なる絶対」としての真諦を言教《ごんきょう》の真諦と呼ばれるそうであるが（『宇井伯寿著作選集』4、「三論解題」）、この区別は『大乗起信論』の離《り》言真如《ごんしんにょ》と依《え》言真如《ごんしんにょ》との区別に相当するものと考えてよいであろう。

さらに理の真諦（離言真如）から見れば、言教の真諦（依言真如）は俗諦の一部となるはずである。言葉による表現は解脱の体験そのものではないからである。先に掲げた『中論』二十四、第十偈の青目《しょうもく》の釈では明白にこう言っている。

「言説は是れ世俗なり。是故に若し世俗に依らずんば、第一義（真諦）は則ち説く可からず」

したがって竜樹自身の用語法はともかくとして、二諦の説は次のように整理して考えることができる。

(a) 理の真諦―離言真如―解脱の体験
(b) 境の俗諦―言説―解脱の手段
(b)・1 言教の真諦―依言真如―解脱の説明―空
(b)・2 言教の俗諦―虚妄の判断―妄分別―有

この表によって言えば、事物を有として独断的な判断を下すのが狭義の俗諦である。それを否定して解脱への道を示すのが手段としての俗諦であり、すなわち言教の真諦である。

この手段によって解脱を体験するときには、それは体験であるから言説を離れるのである。それが離言真如としての理の真諦である。このように狭義の俗諦を破って理の真諦に達する過程が一種の弁証法となっている。俗諦の独断的判断を否定し、その否定によって思考を進める論理だからである。

否定の弁証法（合理性の自己否定）

竜樹の思考は明らかに一種の弁証法であるが、その弁証法は狭義の俗諦（有の妄分別）↓その否定としての言教の真諦↓その目的としての理の真諦（解脱の体験）という過程をたどる。したがってその到達点は言説を超えた体験であるから、言教の合理性をも超えて非合理性に達するのが特徴であり、つまり否定的弁証法である。ヘーゲルにせよマルクスにせよ、西洋の弁証法は一般に合理性から合理性へと進むのであって、このように合理性から非合理性へ移ることは決してない。一つの合理性を否定することは新しい合理性を得んがためである。

ところが、竜樹の否定の弁証法は、合理性を否定してこれを捨てるのである。しかも合理性を否定するためには合理性を用いなくてはならないので、それは合理性による合理性の否定であり、合理性の自己否定である。合理性が自己自身のなかに矛盾を見出だし、不合理性を発見してゆくことである。

このような合理性の自己否定は、彼の二諦説で言えば言教の真諦がこれを行なう。言説によって言説を否定することである。素朴な俗諦が言説による合理性を単純に信じているのに対して、言教の真諦はそのなかに不合理性を見出だして、これを否定するのである。したがって、この段階にあっては彼の弁証法はもっぱら俗諦の論駁という形をとり、reductio ad absurdum（帰謬法）を事とする。

しかしそれだけで終わるのではない。次の段階ではこの否定をも否定するのである。というのは、俗諦の論駁だけにとどまる間は、まだ合理性の立場を脱してはおらず、いくら否定的であっても言説による思弁をまぬがれないからだ。それで、解脱の体験に達するためにはこの論駁的思弁をさらに否定しなくてはならない。つまり、否定の否定が必要になるのである。彼の言う空《くう》（サ、śūnyatā）とは、この否定の否定のことだ、とムルティ（Murti）も言っているが（Murti, *op. cit.*, p. 271）、確かにその通りである。青目の釈では「空亦復空」と言っているが、これは「否定そのものもまた否定される」ということで、つまり二重否定を言うのである（『中論』二十四）。

否定の否定は、普通の論理学ではもとの肯定にかえる。ヘーゲルの弁証法でも否定の否定は肯定であって、より高次の総合命題または上位概念を肯定することである。しかし竜樹の二重否定は単なる肯定にかえることではなくて、合理性の放棄であり、非合理性への転換である。言説による合理性には不合理性が必ずつきまとうので、不合理性とともに合理性そのものを捨ててしまうのであり、言説的思弁をすべて捨て去るのである。その結果、言葉を離れた解脱の直接体験に到達できる、と言うのである。それは合理性によって合理性を捨てることであり、思弁によって思弁を捨てることであり、言葉によって言葉を捨てることである。

だからそれは『起信論』の「言を以て言を遣《や》る」ということに該当する。「遣る」というのは否定することであるから、一文の意味は、「言葉で言葉を否定し、言葉を捨てる」ということである。『起信論』では、その結果言葉を離れて「離言真如」に達するわけであるが、竜樹の場合には「理の真諦」に達するのである。それは言亡慮絶《ごんもうりょぜつ》の状態と言われるもの、つまり言葉を離れた解脱の直接体験のことである。彼の否定の弁証法はこうして合理性から非合理性へ転換するのである。

中道の弁証法―三諦偈の説

こうして竜樹は直接の体験に帰するのであるが、それがいくら言亡慮絶だからといっても、全然なにも考えない死灰のような状態になるわけではない。解脱は直接体験であり、陳那流に言えば「修定者の現量」であるが、しかしまた、それは単なる感覚知覚ではなくて、智慧である。この智慧は般若《はんにゃ》（サ、prajñā）とよばれるもので、一種の直観智と考えられる。しかし直観智にしても、それが智慧であり、認識能力である以上、それは一種の分別であり、合理的思考であるはずだと考えられる。したがって一度は合理性を捨て去るのであるが、解脱の直接体験に達してみると、捨てた合理性をも冷静にながめて、これを仮定的なものとして肯定しかえすのである。しかしそれは合理的思考（分別）をそのまま再認することではなく、窮極には捨て去られるべきものではあるが、暫定的手段としては必要なものとして認められるのである。

それはヘーゲル弁証法の「止揚」（Aufheben）というものに似ている。止揚とは、低い段階の概念なり命題なりを一度は捨てるが、次にはそれを高い段階の要因として認めることである。そして竜樹のそれは、『中論』のなかの有名な「三諦偈」によくあらわれている（『中論』二十四、第十八偈）。その漢訳によれば、

「衆因縁生法、我説即是無。

亦為是仮名、亦是中道義」

とある。宇井博士の訳では、

「縁起であるものを凡て吾々は即ち空であると説く。その空は相依《そうえ》の仮説である。こ

れがまさしく中道である」

となる。この偈では、

(a)因縁または縁起(サ、pratītyasamutpāda)と空(サ、śūnyatā)とを同一視する。
(b)(a)の主張を仮名《けみょう》(サ、prajñapti)とし、それを空(空の空)と同一視する。
(c)因縁と空との同一、仮と空との同一の故に、有(肯定)にも偏せず、無(否定)にも偏せず、両者の総合となる。これを中道(サ、madhyamā)と言う。

(a)の主張

空とは俗諦の肯定的判断を否定することである。俗諦は実体として事物を肯定するが、その実体の見方を否定するのが空である。したがって空とは初期仏教の無我という思想に該当し、無実体ということである。(a)は、その無実体が因縁と同じだと主張するのである。因縁は縁起とも言って、因(内部原因)と縁(外部原因)との結合によって結果が生じることである。したがって因縁または縁起は、事物が自己自身で独立に存在することでなく、他によって存在することである。だから、それはまた「依他起性《えたきしょう》」とか「依他性」とか「相依性」などとも名づけられる。現代ふうに言えば、相互依存性ということである。これに対して実体とは「自己によってあるもの」であるから、その否定たる無実体と自己によってはあらぬもの、したがって他によってあるものである。すなわち無実体は依他性であり因縁性である。だから、空ということは何もないということではなく、実体はないが因縁生起の現象はあるのである。したがって実体説を否定することはすべてを否定し去ることではなくて、現象界を縁起として肯定することである。

これを現象界から言えば、現象界を肯定することは、その縁起（相依性）を肯定することであるから、当然その独立性を否定することであり、その独立性を否定することはその実体性を否定することである。したがって、現象界の肯定は実体の否定としての空と等しくなる。青目の釈で言えば、「諸々の因縁が合して物が生じる。この物は因縁に属するのであるから、自性が無い（無実体）。自性が無いから空である」ということになる（青目釈『中論』二十四）。しかも青目の釈ではそれにつづいて「空もまた空である」と言っている。これは先にも述べたように、二重否定であって、実体の否定という第一段の否定がなお言教の真諦にとどまるので、これを否定して言教を捨て、空という概念の実体化をふせぐのである。

(b)で(a)の主張を否定

このように、事物に関する実体観を否定して現象界の縁起を認めるとしても、それも言説であるからその主張そのものを実体化する恐れがある。だから、これをも否定しなくてはならない。こうした先に掲げた「空亦復空」という二重否定が必要になる。この二重否定によって、一方では言説を離れた直接体験が実現するのであるが、同時に他方では言説による(a)の主張を無実体の相対的なものとして認めることである。このように、現象としての言説を仮名《けみょう》と言う。したがって、第一段の否定が実体を否定して縁起を肯定したと同様に、第二段の否定は言説の絶対化（実体化）を否定してその相対性（仮）を肯定する。したがって、言説を放棄して言亡慮絶の体験にかえることとは、言葉を失うことではなく、言説を相対的なものとして再認することなのである。

だから、離言の理の真諦は、言説の真諦を超えるとともにそれを仮名として保存する。これが(b)の、空と仮名との同一視の意味である。

(c)の主張（有と無の総合）

上記のように実体の否定が因縁の肯定であり、言説の絶対化の否定が仮名の肯定となるので、有（肯定）と無（否定）のどちらにも偏しない。したがって、有と無とを相対的なものとして総合することになる。これを中道と言うのである。「有と無との二辺を離るるが故に名づけて中道と為す」という青目の釈（『中論』二十四、大正蔵三十、三三ページ）はこのような意味のものと考えられる。したがって、中道は有と無との総合ではあるが、その内容は二重である。第一段では実体の否定（第一段の空）と因縁の肯定との総合であり、第二段では言説の実体化（絶対化）の否定（第二段の空）と仮名の肯定との総合である。

ともかく、このようにして、二重否定によって到達できる解脱の体験は、言亡慮絶であり、離言ではあるが、しかも相対化された言説（分別《ふんべつ》）を仮名として内に含むのである。ここに中道の弁証法が成立するが、それは、竜樹の思想のなかでは、その一面である否定に主力がそそがれて、充分には発育せず、後代、特に中国仏教のなかで三論宗や天台宗の教理として発展する。なお、この否定の弁証法は一種の段階をなす思考法であり、したがって段階的弁証法とでも言うべきものである。それはヘーゲル弁証法のように認識内容を新しくつくり出してゆく過程的弁証法ではないが、後に中国仏教のところで見るはずの非段階的弁証法ともちがう。それは認識様式を段階的に変えてゆく弁証法である。

以上を要約して図式的に示すと次のようになるであろう。

狭義の俗諦＝実体の肯定
↑
言教の真諦＝実体の否定＝縁起の肯定 ┐
↑ │
理　の　真　諦＝言説の絶対化の否定 ├ 中道
＝言説の仮名の肯定 ┘

（3）　竜樹の弁証法　II

無実体の弁証法

竜樹の思想が弁証法であり、しかもそれが否定の弁証法であることを右に述べた。それが否定的である点がヘーゲルなどの西洋の弁証法と大いに異なるところであったが、両者の相違はそれだけではなく、もう一つ大きな相違点がある。

西洋思想にあっては、弁証法はある種の実体の運動として考えられている。そして、ヘーゲルの場合には絶対精神という観念的実体の自己運動が、またマルクスの場合には物質という客観的実体と人間の労働との間の運動が弁証法となるのである。これらの思想はいずれも実体にもとづいて弁証法を考えるのであるから、実体の弁証法と名づけることができる。

ところが竜樹の弁証法は、実体概念の否定から出発するのであるから、実体なき弁証法であり、認識方法上の弁証法である。西洋思想で言えば、カントの『純粋理性批判』の最後の部分「先験弁証論」が、これとやや近似した性質をもっている。この類似はすでに初期仏教の項でも述べたことであるが、ただ竜樹の場合には単に認識批判だけでなく、批判を通じて中道の積極的態度に転じる傾向をもっている。

それにしてもヘーゲル流の実体の弁証法ではないという点、さらに竜樹の場合にも中道の積極性が窮極にはありながら、その弁証法の中心はやはり論駁（または帰謬法）という形の認識批判である点も、カントの「弁証論」に似ているということができる。

帰謬法による認識批判

竜樹の弁証法の中心は俗諦の実体観を破る第一段の否定にある。それは実体観の矛盾を指摘してそれを自己否定に追い込むという形の論法であり、その意味で帰謬法と言うことができる。ただし、それはふつうの帰謬法と多少異なる形式をもつ。ふつうの帰謬法は結論を偽と仮定すると前提が偽となるから、前提が真ならば結論は偽となることができない、と推理することである。したがってそれは次のような形式となる。

まず前提をp、qの二つとし、それから結論rを導こうとする。帰謬法はその結論rを偽と仮定して、これを否定してみるのである。するとrの否定と前提の一つpとの連言から、残りの前提qの否定が導かれることが証明されるとする。すなわち、

$(p \cdot \sim r) \Rightarrow \sim q$ ……(イ)

が成立するとする。この(イ)式を変形してゆくと、

$p \Rightarrow (\sim r \Rightarrow \sim q)$ ……(ロ)

となり、さらにこの(ロ)式を対偶律で変形すると、

$p \Rightarrow (q \Rightarrow r)$ ……(ハ)

これをさらに変形すると、

$(p \cdot q) \Rightarrow r$ ……(ニ)

この(ニ)式の意味は、前提pとqとから結論rが導かれるということである。こうして結論rの否定が前提qの否定を導くという誤謬を犯すから、結論rは否定しえない、と推理するのがふつうの帰謬法である。

これに対して竜樹の帰謬法は、前提(実体観)を正しいと認めると、矛盾した結論が生じることを示して、こうした矛盾を避けようとするならば、前提を否定しなくてはならない、と推理するのである。すなわち前提をpとし、ある種の命題をsとすると、

$p \Rightarrow (s \cdot \sim s)$ ……㈬

という関係が成立することをまず示す。この式の後件（$s \cdot \sim s$）は矛盾命題である。この矛盾命題を否定して、㈬式の対偶をとると、

$\sim (s \cdot \sim s) \Rightarrow \sim p$ ……㈭

となる。こうして前提pは否定される、というのが竜樹の論法である。

実際には彼はさまざまな論法を用いているが、それらはいずれも㈬式を証明するための方法であることを念頭におけば、その多様性に眩惑されなくてすむであろう。それにまた、彼の証明には多くの誤りもあり、時には無意味な論法もある。だから、ここでは、論理的に妥当を論法の若干を一瞥しておくだけにしたい。

因果の矛盾

『中論』二十、第二十偈に、

「因と果とが同一ならば、産むもの（能生《のうしょう》）と産まれるもの（所生《しょしょう》）とが一つになる。

因と果とが別ならば、因は非因と等しい」

という理由で因果関係が成立しないことを論証している。これを分析してみよう。「因と果とが同一」というのは、「一つのもの、たとえば、aが因でもあり果でもある」という

ことであるから、

因（a）・果（a）………(ト)

という連言命題と考えてよい。同様に「産むもの（能生）と産まれるもの（所生）とが一つ」ということも、

能生（a）・所生（a）………(チ)

となる。だから、先の偈の前半は、

〔因（a）・果（a）〕⇒〔能生（a）・所生（a）〕………(リ)

となる。ところが、偈の文面にはないが、「能生（産むもの）と所生（産まれるもの）とは一つではありえない」という主張がこれに加わる。すなわち、

～〔能生（a）・所生（a）〕………(ヌ)

となる。(リ)式と(ヌ)式とから、形式論理学の後件否定の推理式によって、

～〔因（a）・果（a）〕………(ル)

となる。つまり、「因と果とは同一ではない」ことになる。しかし偈の後半で「因と果とが同一でないならば、因と非因とが等しくなる」という。まず「因と果とが同一でない」ことは「aが因でbが果で、しかも、aとbとは等しくない」ことであるから、

〔因（a）・果（b）・（a ≠ b）………(ヲ)

と書くことができる。そのとき「因と非因とが等しい」と言うのである。そう言えるためには、まず(ヲ)式から命題論理の法則によって、

〔因（a）・果（b）・（a≠b）〕⇒因（a）………(ワ)

を考える。次に偈の文面にないが、「果に等しくないものは因とならず」という命題を認めなくてはならない。この命題は、

〔果（b）・（a≠b）〕⇒非因（a）………(カ)

となる。(ワ)と(カ)とを合わせると、

〔因（a）・果（b）・（a≠b）〕⇒〔因（a）・非因（a）〕………(ヨ)

となる。これが偈の後半の主張である。ところが、偈の前半によって「因と果とは同一でない」こと、すなわち(ル)式が成立するので、当然(ヲ)式も成立する。したがって(ヲ)式と(ヨ)式とから、前件肯定の推理式によって、

因（a）・非因（a）………(タ)

が導かれる。この式が偈の結論（「因と非因とは等しい」）である。しかもこの式は、「aは因であり、しかも因でない」という意味であるから、明らかに矛盾である。インド論理学の用語で言えば自語相違である。つまり因と果とが(ト)式のように同一であっても、(ワ)式のように別異であっても(タ)式の矛盾が生じてくる。しかも、因と果とは同一であるか別異で

あるかのいずれかであるから、いずれを選んでも常に矛盾に陥ることとなる。したがって、因果という概念を実体的に用いてはいけない、というのが竜樹の結論になるのである。

要するにこの論法は、両刀論法によって常に矛盾を導き、いずれの前提をも否定するという形の帰謬法である。ただし、この論法が成立するためには「果に等しくないものは因とならず」という偈にない主張、すなわち(カ)式、を前提として認めておかなくてはならない。

ところで、この帰謬法によって因果の概念は捨てられることになるが、因果（縁起）とは仏教の根本教理であり、竜樹自身も仏教徒として縁起説を認めながら、ここではそれを論破して否定しているのはなぜであろう。またどこに論破の根拠があるのか。それは因果の概念を実体的に用いるところに誤謬の根源がある、と竜樹は言おうとするのである。事物を実体的に考えるから、個々の独立した物について原因と結果とが同一とか別異とかいうことになる。このような実体観を捨てれば、あらゆる事物は相互依存しているのであるから、「aがなければbもなく、bがなければaもない」という関係が成立する。そしてこうした相互依存関係が因果である。だから、因果関係は、「aがbの因ならば、bはaの果であり、その逆でもある」というように二項関係のものとして考えるべきである。「aがbの因である」を、

因（a, b）………(レ)

とするし、「bがaの果である」を、

果（b, a）………(ソ)

とするならば、両概念の関係は、

因（a, b）⇔果（b, a）………(ツ)

となる。このように、因および果の概念を相関的な二項関係とするならば、先に挙げたような矛盾は生じない。特に矛盾の源となっている(カ)式、

〔果（b）・（a≠b）〕⇒非因（a）………(カ)

は成立しない。bがaの果ならば、(ツ)式によってaは当然bの因となるからである。竜樹はこのようにして、事物を孤立的実体として扱うことの誤りを論証しようとし、そしてその意図は、ここに掲げた因果の節に関しては成功しているといってよいであろう。

運動否定論

『中論』二、第一偈から第五偈にかけて、運動および時間概念を否定する論法が述べられている。ここでは、その第一偈だけを見ることとしよう。

「已去は去らない。

未去も去らない。

已去と未去とを離れた現去もまた去らない。

「已去」すなわち「過ぎ去ったもの」(サ、gataṁ)は、現在形で「過ぎ去る」(サ、gamyate)ということはできない。同様に「未去」すなわち「まだ過ぎ去っていないもの」(サ、agataṁ)は、現在形で過ぎ去るとは言えない。したがって「已去も去らず、未去も去らない」。しかも、「已去」(「過ぎ去ったもの」)からも「未去」(「まだ去らないもの」)からも孤立した「現去」すなわち「現に去りつつあるもの」(サ、gamyamānaṁ)は考えることができない。過去も未来もない現在だから、去るという運動もない。「去るという運動」(サ、gamanaṁ)がなければ「現に去りつつあるもの」はありえない。したがって「現去」もなく、去るという運動はどこにもない。しかも、運動がないということは現実の経験に反する(現量相違)。だから前提にどこか誤りがあるのだ、と竜樹は言おうとするのである。

この運動否定の論法は、古代ギリシアのゼノンの逆理と類似している。しかし梶山雄一氏の言う通り、「ゼノンの説は位置の移動に関する逆理であるが、〔竜樹の説〕は『過ぎ去られるもの』と『過ぎ去る運動』という二つの概念の間の関係である」(『仏教の思想』3、九〇ページ)。つまり、ゼノンは問題を存在論的に追求したのに対して、竜樹は認識批判としてそれを論破した。そしてその論破は、運動するものと運動、過去と現在と未来、などの諸概念を孤立的、実体的に分散したうえでこれらを結合しようとするところに矛盾がある、と言おうとしたのである。したがってこれらを孤立的、実体的に考えず、相互依存的な相関概念として扱えば矛盾は消えるであろう。それが竜樹の隠された主張である。

すべて中道への一段階

その他、彼は「無限溯及」や「循環論法」を使用して実体観を論破しているが、いずれも帰するところは帰謬法である。「実体観を前提として肯定すれば矛盾または無意味な結論が生じる。だからそのような前提は成立しない」という形の論法である。

このような論法によって俗諦の実体観を破るのであるが、それは同時に、裏では相対観の肯定となるのであって、否定と肯定とが不可分に結びついている。それが中道である。しかしこの段階ではまだ言説に執着していて、解脱の直接体験には達していない。だから、この言説による否定をさらに否定して、言説への執着を離れる必要がある。これが第二段の否定であり、「空亦復空」と言われる二重否定である。

この第二段の否定によって言説の絶対化が捨てられて解脱の体験が得られるのであるが、言説の絶対化の否定は、同時に言説の相対化の肯定となる。これが仮名《けみょう》の説である。先に挙げた中道も言説に属する限り仮名としての中道である。つまり、真の中道は体験における言説の絶対化の否定と相対的言説（仮名）の肯定という両者の結合によって獲得されるのである。『中論』に見られる彼の際限もない論駁は、結局この中道に帰着するための一段階であった。以後の論師たちは彼の終着点に立って新しい思索をはじめるのである。

（4）世親の唯識的弁証法

唯識思想（仏教心理学）の完成

竜樹以後の多様な仏教思想のなかから、一代表として世親《せしん》（Vasubandhu）の『唯識三十頌《じゅ》』にあらわれた弁証法を概観しよう。

世親は竜樹よりおよそ二百年後の人物で、竜樹とは反対に北インドで生まれ、はじめ小乗仏教を学んだが、後に兄の無着（Asaṅga）の感化で大乗仏教に移り、因明（論理学）なども深く研究した。そして、その唯識思想を完成するのである。

この唯識思想というのは、解脱の心理を研究する仏教心理学である。解脱が最大の関心事であった当時としては、その心理的研究も古くから行なわれていた。その研究を整理して、組織的な心理学説を最初に打ち立てたのは『解深密経《げじんみつきょう》』である。この経に、阿頼耶識《あらやしき》

（サ、ālayaviñāna）とその三相の説がはじめて出ている。阿頼耶識というのは蔵識《ぞうしき》と漢訳され、あらゆる心理現象の基盤となる無意識的な心理能力である。これはフロイトの精神分析学における「無意識」と類似した一面をもつが、その無意識的な心理能力によって、悟りと迷いとをともに基礎づけようとするのである。

つづいて『入楞伽経《にゅうりょうがきょう》』では、阿頼耶識の三相説を三性説に変えて、これを詳論し、さらにこの阿頼耶識の下に末那識《まなしき》（サ、manas）という概念を加えて、いわゆる八識説を打ち立てている。八識というのは、五感の五識とこれを統覚する意識（第六識）、自我意識としての末那識（第七識）、および基盤としての無意識的能力としての阿頼耶識（第八識）である。これで唯識説の骨格ができあがったのであるが、これをさらに理論的に整理して完成したのは、弥勒《みろく》（Maitreya）、無着、および世親である。

阿頼耶識（無意識の流れ）と迷い

唯識説の根本は、人間の迷い（煩悩）と悟り（解脱）との二種の心理作用を、阿頼耶識という無意識的な心理能力よって統一的に説明しようとするところにある。

この阿頼耶識は『解深密経』にもすでに「瀑流《ぼる》に似る」という形容があるが、『唯識三十頌』でも同じように「恒転如瀑流」とされている（『三十頌』四）。それは言ってみれば、ウィリアム・ジェームズの「意識の流れ」のようなものである。ただ阿頼耶識そのものは、あらゆる意識現象の基礎となる無意識のものであるから、むしろ「無意識の流れ」と言うべきかもしれない。

この阿頼耶識は、過去のあらゆる経験を種子の形で含蔵しており、それが現在の意識に作用するのである。したがって現在の意識現象は常に過去の影響を受け、また現在の意識現象は種子の形で無意識的阿頼耶識に蓄積されて、それが再び将来の意識現象に影響を与える。このように阿頼耶識と意識現象との相互作用によって不断の変化がつづく。だから実体的なものはどこにもないのである。それなのに、どこかに不変恒常の実体があるかのように判断すると、その判断と現実との間に矛盾が生じて苦悩を感じるようになる。これが煩悩《ぼんのう》（サ、kleśa）と言われる迷いである（『三十頌』六）

この迷いは、感覚的には苦悩であるが、知的には実体化の判断である。これは誤った判断なので妄分別《もうふんべつ》（サ、vikalpa）と言われる（『三十頌』十七、二十）。だから苦悩を去って安心立命の心境に達するためには、まずこの妄分別を否定し、実体的な見方を捨てなくてはならない。この妄分別を否定し、無実体の唯識性を認識する段階が「三自性《じしょう》・三無性《むしょう》・唯識性」の弁証法である。したがって、それは妄分別から真の智慧への段階的過程であると同時に、智慧の形式そのものでもある。

三自性の弁証法

自性（サ、svabhāva）とは実体または本性のことである。三自性とは三種の本性観のことである。それは分別性《ふんべつしょう》（サ、parikalpita-svabhāva）、依他性《えたしょう》（サ、paratantra-svabhāva）、および真実性《しんじつしょう》（サ、pariniṣpanna-svabhāva）の三つである。（『三十頌』二十、二十一）。

(a)分別性とは妄分別の基本的形態であって、事物を孤立的、実体的に見る判断である。それは存在しないものを実体として判断することである。

(b)依他性とは、右の妄分別は縁起するものであって、自立するものではなく、他に依存するものであると判断することである。この判断は、事物に実体があると考える妄分別が、それを考える判断作用（能分別）によって成立する。だから、妄分別は孤立してあるのではなくて、能分別との相関、相互依存によって成立する。これが依他性の意味である。

(c)右の依他性の判断をなすときには、妄分別から離れて実体観を否定し、しかも相互依存の状態を肯定することができるが、この否定と肯定との総合が真実性の判断である。この場合、依他性は独立したものではなく、ただ分別されたもの（所分別《しょふんべつ》）と分別するもの（能分別《のうふんべつ》）との間の相互依存として存在するのであるから、依他性の独立性を否定しなくてはならない。この否定によって依他性から真実性へ移るのである。

このように分別性は迷いそのものであるが、依他性を経て真実性に到達すると、それはすでに悟りである。だから、迷いから悟りへの移行は三段階の弁証法をなすのである。すなわち、分別性は正であり、依他性はその否定としての反であり、真実性は両者の合である。ただ真実性にあっては正と反とが逆転して分別性は否定され、依他性が肯定される。ヘーゲルの場合には、合は総合判断として正とも反とも異なる新しい認識内容を展開してゆくが、世親の唯識論では合は「分別性の否定すなわち依他性の肯定」という形の判断であるから、内容的には何も新しいものを付加しないのであって、迷いと同じ内容のものを、見方を変えてみるだけである。したがって唯識の弁証法は認識内容の弁証法ではなく、認識形式の弁証法である(同じことは竜樹の『中論』の場合にも言えるし、仏教のあらゆる形の弁証法についても言えることである)。

したがって、ヘーゲル弁証法が認識内容の展開過程を述べる過程的弁証法であるのに対して、唯識の弁証法は認識形式の変化の段階をたどる段階的弁証とでも言うべきものである。それは新しい認識内容をつくり出してゆくいとなみではなく、同じ認識内容(現実界)に対する見方を転換してゆくいとなみである。この特徴は、次に述べる「三無性」の段階になるとさらに判然としてくる。

三無性の弁証法

三自性とは、迷い（妄分別）から悟り（智慧）へ移る三段階の様式であったが、その三自性をさらに別の面から見直したものが三無性である。三自性は分別性の肯定、依他性の肯定、真実性の肯定という三つの肯定判断から成るが、三無性はこの三者を否定するのである。それは相無性《そうむしょう》（サ、lakṣaṇa-niḥsvabhāvatā）、生無性《しょうむしょう》（サ、utpatti-°）、勝義無性《しょうぎむしょう》（サ、paramārtha-°）の三段階である（『三十頌』二十三、二十四、二十五）。

(a)相無性。分別性は事物に実体ありと判断することである。しかし事物は依他性のものであるから実体をもたない。このように分別性の依他的な相を肯定して実体を否定することが相無性である。したがってそれは分別性に対する否定的判断である。

(b)生無性。相無性は分別性の否定であるが、依他性を肯定している。しかしその依他性も分別するもの（能分別）と分別されたもの（所分別）との間の相互依存として成立するものであって、依他性そのものが分別性から独立した実体として生じるわけではない。つまり自然性《じねんしょう》（サ、svayaṁ-bhāva）ではない。それを生無性と言うのである。それは要するに、依他性を、分別性に対する相依的なものとしては認めるが、実体としては否定することである。

(c)勝義無性。第三に分別性と依他性との総合としての真実性は、分別性・依他性から独立した実体として認められるはずはない。だから前二段階の総合としてそれらに依存する限りでは真実性を認めるが、しかもその実体性を否定するというのが勝義無性である。

このように三無性は三自性の否定面である。同じことを肯定の面から見れば三自性であり、否定の面から見れば、そのまま三無性である。しかし両者は単に同一事物の肯定面と否定面として並行しているだけではなく、不可分に結びついて相依関係をなしている。というのは、

第一、分別性の否定は相無性であるが、それは同時に依他性の肯定である。

第二、依他性の否定は生無性であるが、それは同時に真実性の肯定である。

第三、真実性の否定は勝義無性であるが、それは同時に唯識性の肯定である。

こうして弁証法の最終段階としての唯識性に達し、悟りが完成するのである。

唯識性の弁証法

勝義無性は真実性の否定的表現であるが、それは同時に、すべては識の相互作用であることを認めことになる。これが唯識性《ゆいしきしょう》(サ、vijñapti-mātratā) である (『三十頌』二十五)。識 (サ、vijñapti) とは了別《りょうべつ》とも訳し、分別と同義である。だから唯識性はすべてが分別 (判断) にすぎないということになるが、ただそれだけではない。すべての分別は阿頼耶

識からの転換（サ、pariṇāma）によって起こり、しかも阿頼耶識は分別作用が無意識化して蓄積されることによって生じる。

だから唯識性とは、すべては阿頼耶識と識（分別）との相互作用の無限の継続にすぎないという認識である。この認識によって実体概念は完全に消滅し、実体への固執もなくなるために、固執にもとづく煩悩はなくなる、と言うのである（『三十頌』三十）。したがって唯識の弁証法は解脱に至って完成することになる。

第二部　中国仏教の論理思想

1　現実の肯定

（1）論理の位置

因明の論理は根づかなかった

中国仏教は、その源のインド仏教とは随分性格がちがい、インドでは論理が極めて重視されたのに対して、中国では論理よりも実践が尊重された。これが最大の相違である。したがって、インド仏教の内部では因明論理学が高度に発達したのとは反対に、中国仏教では不立文字《ふりゅうもじ》式の禅が独特の発達をする。もっとも、因明関係の文献は多数翻訳され、サンスクリット原典がほとんど失われてしまった現代では、それら漢訳の因明文献は、仏教論理学上のかけがえのない資料となっている。

しかしその漢訳因明に対して中国仏教徒の態度はあまり積極的ではなかった。慈恩《じおん》大師による『因明入正理論疏《いんみようにつしようりろんしよ》』（因明大疏）など多数の注釈書も著わされたが、その論理をすっかり自分のものとするまでには至っていない。そして、後世になるとその注釈の大部分は名だけ残して散逸してしまい、いまあるものは極めてわずかである。

これをたとえば『法華経』などの自由自在な解釈と、それにもとづく新しい思想の確立とにくらべてみれば、因明の論理が漢民族にとっていかに異質な取り扱いにくいものであったかが推測できる。要するに、因明の形式論理学は、中国仏教ではほとんど重要な意味をもたなかったのである。

独自な弁証法の発達

形式論理学とちがって、弁証法的な論理は中国仏教のなかでも大いに発達した。しかもインドには見られない独自な形の弁証法が成立するのである。それというのは、弁証法とは矛盾を通じて展開する思考の脈絡であるが、古代から社会的実践に強い関心を示していた漢民族は、実践上の矛盾を夙《つと》に意識していた。それは戦国時代の『韓非子《かんぴし》』にすでに明確な形で矛盾律が述べられているのを見てもわかる。

このように、矛盾の意味をはやくから知っていたうえに、漢民族は事物を孤立的、実体的に考えず、相関的に考える習慣を古代から身につけていたらしい。そうした相関的思考法の代表的なものは『易経』に見られる陰陽中和の思想である。この思想も、たぶん社会的実践への関心がもとになって発生したものと考えられるが、ともかくそれは、実体論とは反対の思考法である。

このように漢民族には古くから矛盾の観念と相関の思考法とが培《つちか》われており、これが中国仏教における弁証法発達の母胎となったと考えられる。以下、インド仏教には見られない中国仏教の弁証法——いわば、肯定的非段階的弁証法——の代表的なものとして、三論宗・天台宗・華厳宗の思想を概観してゆきたい。

(2) 破邪顕正の論——三論宗の弁証法

相即の説

三論宗は嘉祥《かじょう》大師吉蔵《きちぞう》によって完成された学派であるが、その宗名は『中論』『百論』『十二門論』の三論からきている。この三論は竜樹の思想を伝える。したがって三論宗は竜樹思想の正統派をもって自他ともに任じるのである。そしてその教理は、竜樹の『中論』と同様に、俗諦を論破することに主眼がおかれ、その破邪の言説のなかにおのずから顕正があるとする。俗諦の実体観が否定されれば、あらためて論じるまでもなく、無礙《むげ》の心境がひらける、という立場をとるのである。嘉祥大師の『三論玄義《さんろんげんぎ》』では、それを次のように述べている。

「〔空は〕本有《ほんぬ》の病に対し、この故に説く。有《う》の病もし消ゆれば、空《くう》の薬もまた廃す」

つまり、「空」という概念はただ俗諦の「有」（実体）の概念を破るためのものである。だから有を否定し終えれば、空の概念もまた消滅するのであって、空が跡に残ることはないのだ、と言う。これは竜樹の空の思想の一面をよく伝えるものである。

この立場に立てば、空というのは「……ではない」という否定の述語（または結合詞）であって、主語とはならない。だから主語を否定して主語が消えれば、否定そのものも消えるわけである。否定は主語に対する述語であって、否定されるべき主語がなければ否定そのものもありえないからである。空の概念が「有の病に対す」と言うのはこの意味である。

「有の病」というのは、主語を実体化して考える誤りのことである。空の概念はこの実体化された主語を「それは実体ではない」と言って否定するものである。だから空の概念を主語の位置において、これを実体化するとすれば、それは俗諦の有（実体）の説とまったく同じ誤りに陥ることになる。だから三論宗はもっぱら有を否定するにとどまって、空を積極的に主張しない。空を主張すれば、空は主語となり、実体となって、有の一種となり、自在の心境をさまたげる。空を主張しなければ有の実体観にとらわれない無礙自在の心境がおのずから開かれるのである。したがって三論宗は、有の思想を論破すると同様に空に囚われた思想をも排斥する。その一例として、『三論玄義』では成実宗《じょうじつしゅう》を非難しているが、それというのは、成実宗は空の宗派ではあるが、空を主語化し、実体化しているところにその誤りがあるからである。三論宗の立場は、

「空に即して有を観《み》、有に即して空を観る」

のであるが、それは有なる主語と空（否定）なる述語との相対性を述べるものである。主語がなければ述語がなく、述語がなければ主語はない。その相互依存の相対性を『三論玄義』では「相即」とも「並観」とも言う。それはたしかに理路整然とした主張であるが、しかしここで、有は否定し去られるものであるにもかかわらず、否定し去られねばならないものとして必要なのであって、単に捨て去られるだけのものではない、ということに注意したい。

有の立場を論破するのが解脱への道であるが、論破するためにはその対象としての有の立場が必要なのである。有の立場は俗諦であり、迷いであるが、それは悟りのための不可欠の条件なのである。有の立場を独立に認めることは迷いそのものであって、許しがたい。しかし否定の対象として、または否定的述語に対する主語としての有は必要不可欠の条件

なのである。「空に即して有を観る」とはこのような意味である。

同じことは空についても言える。空は悟りの立場であるが、それは迷いから完全に遮断された立場ではない。迷いに即して悟りがあるのである。有に即して空があるのである。主語に即して述語があるのである。悟りとしての空は否定的述語であるから、否定さるべき主語がなくてはそれははたらき得ない。独立した空、独立した悟り、というものはない。「有に即して空を観る」とはこの意味である。

竜樹の否定を肯定の弁証法に

こうして相即《そうそく》が必要とされ、「空有並観《くううへいかん》」が要求され（『玄義』五四ページ）、そしてここにインド仏教とは微妙なちがいをもつ新しい弁証法の萌芽が見られる。竜樹の場合には、実体観の否定は縁起観の肯定となり、そこに肯定と否定との中道という弁証法が成立する。しかしそれは、実体観すなわち有の立場を必要条件として認めるものではない。有の立場は徹底的に否定され、その代わりに空即縁起という立場が肯定される。したがって竜樹の思想では空有並観ということはない。

空即縁起ということは「有の否定＝縁起の肯定」ということであるが、三論宗の空有並観とか相即というのは「有の否定」それ自身の構造である。「有の否定」は有と空（否定）

との相即であり並観である。「有の否定」それ自身が有と空（否定）との二つの相矛盾する契機の相互依存的な構造をもつものであり、したがって弁証法的なものである。竜樹のそれが有を否定する否定の弁証法であるのとちがって、この三論宗の弁証法は空の必要条件として有を認めるのであるから、単なる否定の弁証法ではない。それは肯定的弁証法と言ってもよいと考えられる。

竜樹と三論宗とのこの相違は、『中論』が際限のない論駁の集積であるのとちがって、『三論玄義』は決して竜樹式の帰謬法を用いず、むしろ空有相即の体系的な叙述に相当力をそそいでいることからも理解できよう。古来、三論宗は竜樹思想の正統派と目されてきたが、少なくとも論理的には両者の間には明らかな相違がある。そしてこの相違はインド仏教と中国仏教との相違でもあろう。

中国仏教は現実肯定の仏教である。禅のように出家主義に徹し、現実に背を向ける宗派にあっても、結局は煩悩即菩提の立場に立ち、現実を肯定している。三論宗の相即の説もまた現実肯定の思想なのである。それは否定さるべき対象である限りで、有を認めるのである。

二諦と中道の説

相即・並観の弁証法は、二諦と中道との説によって一応明瞭になる。二諦も中道もともに竜樹の『中論』に由来するものだが、その概念規定は三論宗独特のものである。それによると、

「非真非俗を名づけて体正《たいしょう》となし、真と俗とは因《よ》って用正《ゆうしょう》となす。然る所以は、諸法の実相は言忘慮絶にして、未だかつて真俗たらず、故にこれを名づけて体と為す。……体は名言を絶し、物の悟らしむる無し。有無あらずと雖も、強いて真俗を説きて、故に名づけて用と為す」

と言う（『玄義』）。これを整理してみれば、

(a) 諸法実相（直接体験にあらわれる現実世界）は言説を離れ、言忘（亡）慮絶であって、真諦でも俗諦でもなく、非真非俗であり、これを体と言い、「絶待中《ぜつだいちゅう》」とも言う。

(b) 言説を離れた諸法実相を説明するために真諦と俗諦とを説く。だから真俗二諦はともに言説（または名言）に属するものである。

それならば、言説のうち、なにを真諦とし、なにを俗諦とするかというと、

「世諦あるを以て、この故に不断なり。第一義（真諦）を以て、この故に不常なり」

と言い（『玄義』）、また、

「世諦を以ての故に有はこれ実なりと説き、第一義の故に空はこれ実なりと説く」

と言う（『玄義』）。これを整理すると、

(b) 言説のうち、

(b)・1 俗諦とは、不断を説き、有を説くことである。

(b)・2 真諦とは、不常を説き、空を説くことである。

したがって、この真俗二諦は有と空（無）との言説であるが、この有無を「仮《け》」と言い、「成仮中《じょうけちゅう》」と名づけて、諸法実相《しょほうじつそう》の絶待中に対立させるのである。

次に諸法実相と言説（仮名《けみょう》）との間には次の二つの関係がある。まず、

「体（諸法実相）は名言《みょうごん》を絶す。……強いて真俗を説く」

と言い（『玄義』）、次に、

「仮名《けみょう》を壊《え》せずして実相を演《の》ぶ」

と言う（『玄義』）のである。したがって、諸法の実相は言説によってはじめて表現されるが、言説それ自身は仮定的なものにすぎない。しかもその仮定的な言説を破棄しなくても諸法の真実の姿（実相）は表現されるという。したがって、ここでは仮名が仮名として肯定されているのであって、決して「不立文字」式に言説を全部捨てよとは言わない。ここ

にも肯定の弁証法の性格が見られると言ってよかろう。この関係を論理的に分析してみるとまず、

「諸法は実相である」⇕「諸法は言説を離れる」……(イ)

という相等式が成立する。これが「絶待中」である。次にこの式の対偶をとれば、

「諸法は言表される」⇕「諸法は実相でなく仮である」……(ロ)

となる。これが「成仮中」である。(イ)式と(ロ)式とは対偶関係にあるので、相互に否定しあいながら相等であり、いわば否定的相等の関係である。このように、実相と仮名とは否定的相等の関係にあるから、仮名は仮ではあるが捨て去られないのである。

次に仮名のなかの真俗二諦の関係を見ると、

「空は宛然《えんぜん》として有なるが故に、有を空相と名づく。有は宛然として空なるが故に、空を有空と名づく」

と言い、また、

「因縁仮有《けう》の如きは、これを目して俗と為す。しかるに仮有はその定有《じょうう》を言うべからず、その定無《じょうむ》を言うべからず」

とも言う（『玄義』）。なお、空についても同じことが言えると同書で述べている。

以上要するに、俗諦の有は絶対的な有ではなくて、真諦の空（無）に対してだけ有であ

る。したがって、先に相即・並観の項で述べたように、空（無、否定）がなければ有もないから、有は「空有」であり、「空の有」であり、「空に対する有」である。同様に、真諦の空は絶対の空ではなく、俗諦の有に対してだけ空である。したがって、有がなければ空もないから、空は「有空」であり、「有の空」であり、「有に対する空」である。したがって有と空とは相即し、相互依存する。

このような有と空との相即は、論理的にはどう説明したらよいか。それは先にも述べたように、有を主語、空を否定的述語と見ればよい。有は否定さるべき主語としてその存在を認められ、空は否定する述語としてその存在を認められる。そして、主語がなければ述語はなく、述語がなければ主語もないので、有と空とは相等になり、相互依存になる。つまり、

「主語としての有がある」⇕「述語としての空（否定）がある」……(ハ)

という相等式が成立し、その対偶として、

「主語としての有がない」⇕「述語としての空（否定）がない」……(ニ)

が成立する。(ハ)式の場合には、有の存在が認められるが、それは述語としての空に対してだけ認められるので「空有」である。同様に空の存在が認められるが、それは主語としての有に対してだけ認められるので「有空」である。また(ニ)の場合には、「有がない」とい

うことは有の否定としての空となることであり、「空がない」ということは有の肯定となることである。したがって、空と有とが入れ替わって、しかも相等を保つ。これが「有は宛然として空」「空は宛然として有」ということである。

こうして有と空とは相即して中道をなすが、それは仮名としての中道であり、「成仮中」である。それは「真か俗か」という選言の形の中道である。

ではなぜ、真俗二諦（有と空）が選言の形で総合されるか。両者は相即するものであるから並観しなくてはならないと言われる。並観とは選言ということと解釈してよかろう。相即するものは選言的に総合されるのである。

この真俗二諦の選言的総合である成仮中の対偶が、絶待中としての実相である。それは非真非俗と言われるが、真俗の選言を否定すれば当然非真非俗という形の連言となる。したがって絶待中は真俗二諦の否定的な選言的総合となる。しかもそれは肯定的な選言的総合と対等である。すなわち、

「仮名は真か俗かである」⇕「実相は非真非俗である」……(ホ)

という関係が成立する。または、さらに正確に言えば、

〔「仮名」＝「真か俗」〕⇕〔「実相」＝「非真非俗」〕……(ヘ)

ということになる（ただし「仮名」「実相」「真」「俗」などは集合をあらわす概念とする）。そ

して、仮名の選言的総合である成仮中と、実相の否定的連言的総合である絶待中とが相等になるので、「仮名を壊せずして実相を演ぶ」という主張が成立することになる。

このように分析してみると、『三論玄義』の主張はまったく理路整然としたものであり、しかもそれは仮名の合理性と実相の非合理性とを相即するものとする弁証法であることがわかる。

現実肯定の非段階的弁証法

三論宗の弁証法は合理性と非合理性とを相等のものとして認めるのであるから、竜樹の弁証法のように合理性をもって合理性を破るという否定的弁証法とは異なる。つまり、三論宗は竜樹思想を発展的に継承しているのである。少なくとも論理的にはそう言わざるをえない。そしてその発展的継承は、竜樹が論破に論破を重ねて否定の末に到達した地点に立って認識を展開するのである。

したがって、竜樹の思想が俗諦を否定して理の真諦に達するための段階的弁証法であるのとちがって、三論宗は、俗諦と真諦および仮名と実相を、同一事態に対する異なった認識形式として、非段階的、同時的に認める。だからその思想は非段階的弁証法とでも言うべき構造をもつが、これは中国仏教全般に共通な特徴である。竜樹思想が否定的、段階的弁証法をなし、世親の唯識論が肯定的、段階的弁証法をなすのとちがって、三論宗をはじめとして天台でも華厳でも、中国仏教は一般に肯定的、非段階的弁証法をなす。それは現実をそのまま認めようとする漢民族の強い現実肯定の精神のあらわれであるのかもしれない。

2　全体主義の真理観

(1)　仏教の定着

独特の総合の論理

天台宗は『法華経』に依拠するが、インドにはこれに該当する宗派はなく、まったく中国仏教独特の宗派である。天台宗には、先行する幾人かの善知識がいるが、中国仏教を代表する一大思想となったのは、天台智顗《ちぎ》、つまり天台智者《ちしや》大師の力による。

天台は「五時八教」の説を立てて従来の仏教諸思想を巧みに分類し批判した。それには独断のそしりをまぬかれない一面もある。しかし、厖大な仏教思想を整理統一して自己の立場を確立した力量は偉大で、それによって仏教は中国の風土に定着することができたのである。

この天台の思想を論理の面からみると、それはインド仏教にある厳密な形式論理に従うものではなく、また竜樹が『中論』で行なったような形式論理にもとづく鋭い論駁を行なったのでもない。それは従来のあらゆる仏教思想を総合統一したもので、したがって独特の総合の論理を発見したのである。それが有名な「三諦円融《さんだいえんゆう》」の説で、矛盾対立する諸概念を相関的な全体として理解する思考法であり、したがって一種の弁証法である。

しかし、天台はもとより純粋な宗教思想であるから、安心立命という宗教上の理想を切り離して、その論理だけを取り出すことは不可能である。そこで、三諦の弁証法を吟味する前に、悟りの内容といわれる「一念三千」の説を検討しておかねばならない。

一念三千の説

三千とは、全世界という意味である。それをなぜ三千と言うか。個々のものにはそれぞれ十種の状態がある。それは、地獄・餓鬼などにはじまって菩薩・仏に終わる十種の心理的段階を、あらゆるものに適用したのである。この十種の心理状態を十界と名づける。その十界の各界が、それぞれ十界をもっているので百界となる。

なぜ各界が十界をもつか。たとえば地獄という最低の状態にあるものも、悟りの可能性はあるので、菩薩や仏の状態を可能的に含む。また、菩薩や仏のような高い心境も最低の地獄や餓鬼の状態を、克服された痕跡として含んでいるからである。
さらにこの百界の各々には十如《じゅうにょ》という十種の範疇が含まれる。十如というのは相《そう》・性《しょう》・体《たい》・力《りき》など十種のものの在り方である。その百界は、それぞれ十如をもつので千如となる。この千如は、衆生《しゅじょう》（主体）、国土《こくど》（環境）、五陰《ごおん》（存在要素）の三世間《せけん》にそれぞれそなわる。つまり三千となる。要するに、個々の事実の個々の状態が全世界を内蔵する、という主張である。したがって、これを「十界互具《じっかいごぐ》」とも言い、特に人間の心について言うときには「一念三千」と名づけるのである。智者大師の著書『摩訶止観《まかしかん》』（巻五上）によれば、

「この三千は一念の心に在り」

と言うのである。したがって、心が先にあって世界が心からつくられるのでもなく、また世界が先にあって、後から心がそれを写すのでもない。

「一心は前に在り、一切の法は後に在りと言はず。また一切の法は前に在り、一心は後に在りと言はず」

ということになる（『摩訶止観』同上）。つまり、世界よりも心に優位を認める観念論も、またその逆に、心よりも世界に優位を認める唯物論的模写説もともに妥当でないと言うのである。個々の一念のなかに全世界が包含され、全世界に各々の一念一心が浸透しているのである。

「心はこれ一切の法、一切の法はこれ心なるなり」と言う（『摩訶止観』同上）とき、それは心と世界との相互浸透であり、互具であり、相即である。

単子論との類似と相異

西洋哲学のなかでこれに類似した思想を求めるならば、ライプニッツの単子論に思いあたる。単子というのは精神的原子であり、意識作用をもつ個物である。それが無意識ともいうべき微小な意識にはじまって、いっさいを明瞭に認識する最高の意識状態に至るまで、連続的に移行する段階を含むのは、ちょうど天台で各々の心が十界を包含するのに似ている。もっともライプニッツの単子の意識は物質状態にはじまって論理的、科学的知などをも包含するのであるが、天台の一念三千では最低の意識状態は地獄であり、最高の状態は仏であって、もっぱら宗教的、道徳的な意識状態だけを問題としている。

しかし単子が世界のなかにあって、しかも全世界を写す鏡であるのは、天台の「心は一切の法、一切の法は心」という説とよく似ている。この構造を田村芳朗氏は「一念のミクロと三千のマクロが相即相関しつつ、宇宙の全体世界が構成されるということである」（『仏教の思想』5、一三四ページ）と説明するが、このことは単子にもそのまま妥当することであり、この点に関しては両者の類似はいちじるしい。しかしライプニッツの単子は不滅の実体であるが、天台の思想にはどこにも実体はないのであり、そこに両者の根本的な相違がある。さらにまた、天台では一念とか一心とは言うが個という観念が明確ではなく、その点では単子論が代表的な多元論であるのとは反対に、天台は一種の一元論的な体系をなしていると考えられる。個々の念や心は普遍性につらぬかれ、したがって個よりも類に優位がある、と言うのである。田村氏はこれを「相即的一元論」という名称で特徴づけている（田村氏、前掲書、三七ページ）。この点では天台思想と単子論とは正反対である。

単子論のように個物の優位を説くのは、天台と並んで中国仏教の双璧たる華厳の思想であるが、それについては後に論じたい。ともかく、一念三千の説は個と全との相即を説くものであって、個と個との相即を論ずるものではない。その相即の論理構造が「三諦円融《さんだいえんゆう》」と言われるものである。しかしこれを考察する前に、「次第《しだい》の三観《さんがん》」という思想を予備段階として見ておく必要がある。

次第の三観

空・仮・中の三諦は竜樹の『中論』に見られるものである。そこでは、空とは俗諦の有を否定することであるが、有（独立的実体）の否定は縁起（相互依存性）の肯定に等しいので、「縁起は空性である」と言う。しかもこのように説くことは言説であるが、諸法の実相は言説を離れたものであるから、実相を肯定することは言説を真実とみなすことを否定することである。しかし、言説を真実として認めないことは言説を仮として認めることである。だから、「縁起は空性である」ということは仮である、ということになる。こうして縁起と空とを総合し、仮と実相とを総合するのが、『中論』で説くところの中道であった。天台はこの空《くう》・仮《け》・中《ちゅう》の三概念をかりて相即の論理を構成する。だからその用語は『中論』から得たものではあるが、その意味は原意とは相当異なり、天台独特の論理を担うように改変されている。

天台は、空・仮・中の三概念を用いて相即を説くために、次第の三観と円頓《えんどん》の三観（三諦円融）の二種の立場をとると言われる。

「次第の三観」とは、空・仮・中の三諦を順序を追って見てゆく見方であり、その見方は従仮《じつけ》入空《にっくう》・従空入仮《じっくうにっけ》・中道第一義諦《ちゅうどうだいいちぎたい》の三観である（『摩訶止観』巻三上）。

(a)従仮入空観――「仮より空に入る」とは、仮名を観じて空に入るための言説をなすことである。空は言説（詮）によって会得されるのである。この言説を通じて空を会得するときには、空を見ると同時に、言説が仮であることを知る。だから、空と仮とを知る立場なので「二諦観」とも言われる（『摩訶止観』同上）。それは竜樹の二諦説に該当するものだが、しかし空を見るほうに重点がおかれるのである。高麗の諦観《たいかん》もこの立場を「真諦の理を見る」ものとしている（『天台四教儀』）。真諦の理というのは言説を離れた実相としての空のことである。

(b)従空入仮観――「空より仮に入る」とは、一度空に入って空を体得したうえで、その悟りの境地を説明するために、言説を用いることである。その場合、言説を「真にあらずと知りてしかも方便として仮に出づる」（『摩訶止観』同上）のである。このように、真ならざる仮の法と知りながら、しかもそれを用いるのは、黙っていたのではかえって空にとらわれることになるからである。つまり、空への固執を破るために仮に言説を用いるのである。このことを「空の病を破して却《かえ》って仮の法を用う」という（『摩訶止観』同上）。したがって、諦観はこの立場を「俗諦を見る」ものとしている（『天台四教儀』）。

俗諦とは、竜樹の『中論』の二諦説でいう俗諦のことであって、空に対しては有の立場であり、実相に対しては仮名の立場である。しかし、一度空に入って再び俗諦に出るのは、有の立場にかえることではなくて、第一段の「従仮入空」によって知りえた空を実体化するのを防ぐために、仮《かり》に言説を用いて空の概念をあと一度否定するのである。したがって、仮に言説を用いて「空の空なることを観ずる」（『摩訶止観』同上）ことであり、二重否定をすることである。第一段の「従仮入空」でまず有の立場を仮《け》として否定し、この第二段の「従空入仮」で、あと一度、その否定を実体ならずとして否定するのである。
(c)中道第一義諦観――右のように、二重の否定によって仮と空とが相即不離であることを認めるのが中道第一義諦である。中道とは仮と諦とを相即するものとして総合することであり、第一義諦とは真諦のことである。第二段階はまだ中道的総合に達していないので、究極の真の認識にならない。この第三段の中道観によってはじめてすべてを総合し、究極の認識に達することになるので、これを真諦、第一義諦と言うのである。では、この中道観とはどのような見方か。それを天台大師自身次のように言っている。

天台の言う中道観

「中道第一義諦とは、まえに〔従仮入空によりて〕仮の空なることを観ずるはこれ生死を空じ、のちに〔従空入仮によりて〕空の空なることを観ずるはこれ涅槃を空じ、二辺を双遮《そうしゃ》す。これを二空観を方便道となして中道に会《え》することを得《う》と名づく。また、初めの観〔従仮入空〕は空を用い、後の観〔従空入仮〕は仮を用う、これを双存《そうぞん》の方便となし、中道に入るとき、よく二諦〔空と仮〕を双照《そうしょう》す」(『摩訶止観』巻三上)。

この文の第一段の、従仮入空観によって「生死を空ずる」とは、生死などいっさいの現象が実体をもつという考え方〔有の立場〕を否定して、それらを無実体なりと判断することである。だから「仮《け》の空なることを観ずる」というのは「現象が無実体であると判断する」という意味であり、この「仮」は「現象」という意味に解してよい。

第二段は「従空入仮」であるが、この段階で「空の空なることを観ずる」のである。というのは、第一段で「現象は無実体なり」と判断したが、その無実体ということも独立した実体性をもつものではなく、ただ現象の実体性を否定するための述語にすぎない、と判断しなければならない。これが「空の空なることを観ずる」ことである。空という概念は否定的述語であって、実体的主語ではない、というのが「空の空」ということである。したがって、これは別に神秘的なことではなくて、極めて合理的な判断なのである。それが「涅槃を空ず」ということである。

次にこの第一段の空(「現象は実体ではない」という判断)と第二段の空の空(「実体ではないということも実体ではない」という判断)との二種の否定判断(二空観)を総合するのが中道である。その総合はさらに二段に分けて行なわれる。

第一に、仮(現象)の実体性の否定(空)と、その否定の実体性の否定(空の空)とによって二種実体観(現象の実体観と否定の実体観すなわち虚無観)をともに否定する。これが「二辺(二種の実体観)を双遮す」ということである。第二に、実体性の否定(空)は現象を縁起的現象として肯定することであり、また否定の否定(空の空)は実体的否定(虚無)

を否定しはするが、現象（仮）に対する述語としての否定を認めることである。こうして縁起的現象（仮）と述語的否定（空）との二概念（二諦）を肯定することになるが、これが「二諦を双照す」ということである。したがって双遮（二種の否定）と双照（二種の肯定）とは相等になるが、この相等によって肯定と否定とを相即的に総合するのが中道である。

正反合に相当する段階的弁証法

この思考法は明らかに弁証法的であり、しかも段階的弁証法をなしており、「次第の三観」という名称そのものがこのことを語っている。「次第」というのは段階ということ、そして、そのような段階をなす「三観」とは弁証法の三命題——正・反・合に該当する。しかしそれは、ヘーゲル弁証法の正・反・合とは多少異なる構造をもつ。ヘーゲルの場合には、正なる命題の否定が反であり、反なる命題の否定が合であって、その合のなかには正と反とが要因として包含される。ところが、天台の次第の三諦では、第一段の正（従仮入空）のなかにすでに否定（空）と肯定（仮）とがあり、同様に第二段の反（従空入仮）のなかにもすでに否定（空の空）と肯定（仮の空）とがある。そして第三の総合の段階（中道）では前二段の肯定（仮）と否定（空）とを相即相関のものとして認めるのである。だから、第三段（中道）で総合するのは第一段と第二段との二命題ではなく、それらのなかに含まれる否定（空）と肯定（仮）との二概念である。

以上の論述を図式的にまとめてみると、次第の三観は次の図式のような構造をもつものとなろう。

0　有（実体観）
　　↓
Ⅰ　有の否定（空）⇕ 現象の肯定（仮）
　　↓　　　　　　　↓
Ⅱ　否定の否定（空の空）⇕ 否定的述語の肯定（仮）
　　↓　　　　　　　↓
Ⅲ　二種の否定（双遮）⇕ 二種の肯定（双照）
　　空—　　　　　　仮—
　　｛中道｝

（2）　非合理的な解脱へ——円頓三諦

次第の三観を超える

次第の三観は三論宗の弁証法に近似したものであるが、天台では華厳宗の思想をこれに該当するものとしている。そして天台宗自身の立場はこれを一歩超えた「円頓《えんどん》三観」または「三諦円融」の思想にあると主張する。次第の三観は段階的弁証法であるが、天台自身の立場たる円頓三諦は非段階的な弁証法であって、そこにたしかに中国仏教独特の論理が見られるのである。

すでに次第の三観にあって、各段階は肯定判断（仮）と否定判断（空）との相等を含んでいたが、これを全体として同時的、非段階的にとらえるのが「円頓三諦」の認識法である。その円頓三諦のなかにおける空・仮・中、三概念の相即的な脈絡が「三諦円融」の論理である。

一度に現実相を見る

まず「円頓」という言葉の意味は、天台自身の言葉によれば、

「円頓は初後不二にして……」

とあり（『摩訶止観』巻一上）、また、

「円頓とは初めより実相を縁ず、境《きょう》にいたるに即ち中（中道）にして、真実ならざることなし……」

とも言う（『摩訶止観』、巻三上）。つまり「初後」というような段階なしに、「初めから」一度に現実の実相を見るのが「円頓」ということである。「実相を縁ず」の「縁ず」は、実相を対象的に見ることであり、そのようにして見られた対象としての実相が「境」である。

したがって、「円頓三諦」というのは、悟りにおける単なる直接体験ではなくて、それを対象化して把握する認識なのである。そして、この全体的な円頓の認識によって総合的（中道的）に見るときには、対象化された世界（境）はすべて真実だと言われる。とすると、虚偽は総合的（中道的）でない認識によってうまれることになる。事物を相互関係によって総合的に見るときには誤りはないが、その事物を他から切り離して孤立的に見るときに誤りが起こる。

これが天台の真偽の説であるが、一種の全体主義的な真理観として現代でも充分通用しうる主張である。

このようにして、「円頓」は「頓」および「円」という二つの特性をもつ認識方法であると言ってよい。

「円」と「頓」との認識方法

「頓」の特性は非段階的、同時的に事物を見ることである。したがってそれは推理とは反対の直観的な認識方法である。しかもそれは感覚知覚や体験のような言説を離れた直観ではなく、空・仮・中のような概念を用いて世界を見る概念的直観ともいうべき認識である。概念をつかうことは言説をつかうことであるが、さらに重要なことは、概念による認識は、具体的には、主語・述語または主辞・賓辞という形の認識、つまり判断であり分別である。したがって、概念的直観とは判断的直観ということであり、分別的直観ということである。

しかし、こういう直観がはたしてありうるかという疑問がないでもない。インド仏教でも先に挙げた因明論理学の大成者陳那は「現量は分別を除く」と言っており、現量すなわち直観と分別とが両立できないことを主張している。西洋でも批判哲学の完成者カントが「直観智というものは人間の能力のうちにはない」と言っている。直観智というのは分別（判断）を含んだ直観のことであり、ここで言う分別的直観のことであるが、カントはそういう能力を認めないのである。

しかし西洋でも、たとえばスピノザは直観智をもって最高の認識方法と考えており、事実また我々の経験から言っても、推理は時間を要するので同時的認識である直観のうちに含まれることはありえないが、判断を含む直観は不可能ではない。判断は概念と概念との結合であるが、そういう結合は同時的であることができる。書いたり、言葉にしたりするには、主語概念と述語概念との間に時間的な前後の順序をつけないわけにはいかないが、これを理解し、または思考する場合には、主語概念と述語概念とは同時的なものである。同時的であるからこそ判断が成立するのである。「これは赤い花である」という判断で、「これ」という主語が「赤い花」という述語よりも先でもなく後でもないから、この判断が真になるのである。したがって同時的認識たる直観と判断とは必ずしも背反しないので、判断的直観または分別的直観または直観智という認識能力がありうる、と言ってよい。だから、天台の「円頓」の「頓」ということは無意味ではないのである。

「円」という特性は、諸概念を相互連関の形で全体的に使用する認識のことである。各概念を他から切り離して孤立的に使用するのではなく、相互連関の脈絡の全体のうちに各概念を使用する。これは極めて理にかなったことであって、疑問をはさむ余地はない。

この二つの特性をもつので、「円頓」の認識とは全体的直観智であると解釈できよう。

三諦円融して一即三・三即一

「円頓三諦」とは、空・仮・中の三概念を全体的、直観的に使用して認識することである。三概念を個々別々に孤立的に用いるのではなく、相互連関を保つ全体的組織としてつかう。その全体的組織が「三諦円融」である。それは、すでに「次第三観」である程度明らかにされた組織を、非次第的に同時的にとらえることである。

次第の三観で、第一段の従仮入空は空であるが、その空のなかに「実体観の否定（空）⇕現象の肯定（仮）」という形で空と仮との両概念が含まれており、しかも両者は相等という形で相即し総合されるが、その総合が中（中道）にほかならない。だから、第一段の空のなかに空・仮・中の三諦が含まれていることになる。

同様に、第二段の従空入仮は仮であるが、その仮のなかに「否定の否定（空の空）⇕否定的述語の肯定（仮）」という形で空と仮との両概念が含まれており、しかも両者は相等という形で相即し総合されている。この総合が中である。したがって、この段階にあっては、仮のなかに空・仮・中の三諦が含まれるのである。

次に、第三段の中道第一義諦観にあっては、第一段と第二段の二種の空（双遮）と二種の仮（双照）とが相等しいという形で総合されている。したがって、双遮は空、双照は仮、両者の総合は中であるから、空・仮・中の三諦が中道のなかに含まれるのである。

したがって、次第の三観の各段階にあっては、空のなかにも、仮のなかにも、中のなかにも三諦があることになる。これを非次第的同時的に見るならば、三諦の各々は同時に他の三諦を内含することになり、三諦は相互に含み含まれるという関係をなすはずである。これを「円融」と言うのである。「円」とは全体であり、「融」とは相互に含み含まれあうことである。三諦の各々が含み含まれあって不可分の全体的組織を構成するから、三諦円融なのである。天台は、まず、

「円頓止観の相は……、一諦にして三諦なり」

と言う（『摩訶止観』巻一上）。「止観」の止とは禅定の体験であり、観とは認識である。体験と認識とは常に不可分に結びついているので、両者を合わせて止観とよぶのである。そして円融の止観にあっては、空・仮・中の三諦の各々が三諦を含むので、「一諦にして三諦」ということになる。このように、三諦が相互に含み含まれる関係にあるために、

「三即一なることを観ずれば、一即三なることをあらわす」

とも言うのである（『摩訶止観』同上）。この「三即一」、「一即三」ということは、三諦の含み含まれる関係であって、「三即一」は三諦が相寄って一つの全体を組織することを言い、「一即三」は各諦が三諦を含むことを言う。こうして「三即一・一即三」の関係は、まったく論理的、合理的なものである。

しかし、これは単に認識だけのことではなく、これに安心立命の体験が随伴しなくてはならない。その体験の面から言えば、「思議すべからず」（『摩訶止観』同上）ということになる。これは体験の非合理性を言うのであって、思考の不合理性を言うのではない。合理的な三諦円融の思弁によって、非合理的な解脱の体験が得られる。天台思想は、後世の禅や念仏のように、思弁を無視しはしないのである。

（3）極端な肯定

非段階的弁証法の構造

このように、円頓の直観智にあっては、三諦は円融し、相即的全体をなすが、それは一種の弁証法的構造をもつと言ってよい。というのは、矛盾しあう概念が不可分に連関しあって思弁の全体的な脈絡を構成しているからである。しかしこれは、同時的直観における脈絡であるから、次第の三観のような段階的弁証法ではない。それは非段階的弁証法である。天台はそれを、

「一切の法は即空・即仮・即中なり。……三諦を円《まどか》に修して……中道に入る」

と言う（『摩訶止観』巻一上）。この場合、即空・即仮・即中などという「即」は「不二」

の意味であると言われる（『天台四教儀』）。「不二」とは不可分ということである。したがって「即空・即仮・即中」とは、空・仮・中の三諦が不可分な連関をなして一全体を構成している、という意味である。その不可分の全体を全体としてとらえるのが「三諦を円に修す」である。このように、三諦が段階的でなく、同時的な不可分の全体を構成するとみるのが非段階的弁証法である。

弁証法とは、本来は対話によって相手の矛盾を指摘し、論駁しながら認識を進めてゆく方法である。それが対話を離れて思弁のうえの方法となってからも、矛盾を介して思弁を進めてゆくのが弁証法の特性とされた。だから弁証法は、過程的または段階的であるのが本来の姿である。したがって天台の三諦円融のような非段階的な論理を弁証法とよぶには多少の抵抗を感じられないでもない。しかし日本では、たとえば西田幾多郎の思弁の体系を絶対弁証法とよぶ。非段階的、非過程的な体系であるけれども、弁証法とよんでいるのである。それと同様に、天台の思想がたとえ非段階的であっても、これを弁証法と名づけてよいだろう。

この三諦円融の非段階的弁証法を整理して示せば、

(a)　空（否定）――三諦をともに破る。

(a)・1　空――有を破る。

(a)・2　仮――空を立つ。

(a)・3　中――空と仮との相等。

(b)　仮（肯定）――三諦をともに立つ。

(b)・1　空――空を破る。

(b)・2　仮――有を（仮をして）立つ。

(b)・3　中――空と仮との相等。

(c)　中（総合）――三諦ともに相等。

(c)・1　空――二辺（空・仮）を双遮（ともに破る）。

(c)・2　仮――二辺（空・仮）を双照（ともに立つ）。

(c)・3　中――双遮双照の相等。

致命的弱点――否定性の欠如

右の図式でもわかるように、三諦円融は一見したところ、正・反・合を三回重ねたもので、その点へーゲル弁証法によく似ているように見える。しかしへーゲルの弁証法が認識内容の展開をあらわす過程的弁証法であるのとちがって、天台思想は第一に認識内容ではなくて認識様式に関する弁証法である。この点は他の仏教思想と同様である。第二に天台思想は非過程的、非段階的であるから、ヘーゲルの過程的弁証法ともちがうが、他の仏教思想の段階的弁証法ともちがう。非段階であってしかも円融的なのである。空・仮・中がただ同時的に並列しているのではなくて、三諦が互いに浸透しあって、部分が全体であり、全体が部分であるというまったく独特な体系をなしている。したがって部分のうちに全体を見、全体のうちに部分を見ることになる。それを段階的でなくて同時的に直観的に見るのである。したがって、天台思想には空という否定的要素がありながら、それが充分にはたらかない。否定は同時に肯定と相等であるから、否定によって批判し克服するということはなく、まして否定によって改革するということもない。したがって天台思想は極端な肯定の弁証法である。

それは無批判に現実を認め、すべてを受容する態度——すべてを認め、すべてを許す態度である。そこにはなにものにもさからわないという消極的な無礙自在がありうる。しかしそれは積極的なものを何も持ちえないという危険を宿している。積極的な行動には常に何ほどかの否定・闘争が必要であるが、天台の肯定的、非段階的弁証法にはそういう強い否定性が欠けている。

これは天台思想にとって致命的な弱点である。すべてを肯定することは、おおらかで豊かな精神だけに可能だが、同時にそれはまどろみのように無力でもある。「精神の力は否定にある」とヘーゲルは言う。否定力の弱まりは精神の衰えでもある。そして天台思想がこのように否定の力を弱めたのは、すべてを円頓的に見ようとしたからである。円頓的に見ることは認識の窮極であり完成である。しかし同時に行動の停止であり、生活力の喪失である。

後世、天台思想は、日本以外では急速に影響力を失うが、その原因の一半は、あまりにも完成したこの肯定的態度にあると考えられる。天台は否定の行動力を犠牲にして、安心立命を獲得したのかもしれない。

3　多様性の統一

（1）　華厳の思想

四種法界の説

華厳宗は、もと『華厳経』によって立った宗派である。しかしインドには、華厳宗と名乗る独立した宗派はなかった。したがってこれは中国仏教独特の宗派である。華厳宗の思想は『華厳経』によってはいながら、それにとらわれないまったく独自な新しい思想体系をなしている。したがって、ここで「華厳の弁証法」と言うのはインド撰述の『華厳経』の弁証法ではなくて、もっぱら中国の華厳宗のそれである。

華厳宗は半ば伝説的な人物杜順《とじゅん》によって創められ、唐初の賢首《げんじゅ》大師法蔵《ほうぞう》によって完成された。彼は天台の智顗（智者大師）と並んで思弁の雄であり、華厳宗は彼を頂点として中国仏教の支配的思想になった。しかし天台と同様に、あまりに思弁に偏したがために、華厳思想もまた現実的な力を失い、やがて新興の実践本位の禅宗のなかに吸収されてしまうのである。

宗派としてはこのように衰滅する。しかしその思想は禅のなかに生きて今日まで影響力をもちつづけており、東洋思想の一つの代表であることにはまちがいない。その思想は「四《し》種《しゆ》法界《ほつかい》」と称せられるが、そのうちの前三種は他派の思想に該当するものであるから、華厳独自の思想といえば、第四種の「事事無礙《じじむげ》法界」の説である。「華厳の弁証法」というのもこの説のうちに見られる。しかしそれを論ずるためには一応「四種法界」の説を見ておかねばならない。

四種法界の説は杜順（法順）の『法界観門《ほつかいかんもん》』に源を発する。その現存の書は中唐の圭峯《けいほう》宗密《しゆうみつ》の注がついているが、表題の「法界」という語を注して、「四種の法界を成す」と言い、事《じ》法界・理《り》法界・理事無礙《りじむげ》法界・事事無礙法界の四つを挙げている（大正蔵四十五、六八四ページ、中）。しかし杜順の本文には四種法界という語はなく、四種の代わりに三種の法界を挙げている。真空《しんくう》第一、理事無礙第二、周遍含容《しゆうへんごんよう》第三、という三種を挙げている。そして宗密の注によると、真空第一は理法界、理事無礙第二は理事無礙法界、周遍含容第三は事事無礙法界であって、杜順の説には第一の事法界が欠けているが、これは、事法界が常識的な表象の世界、つまり迷いの状態であるため、悟りのなかには数えられないので、除いたのだ、とある（大正蔵四十五、六八四ページ、下）。

以下、杜順の説を基として、宗密の注によって四種法界を概観しよう。

事法界

法界とは、世界というほどの意味である。事法界とは事物をいちいち差別して見る世界である。したがってそれは迷妄の心に対する世界であり、常識的な表象の世界である。唯識の用語で言えば分別性にあたる。その特徴は諸事物の多様な差別だけを見て、その統一性を見ないところにある。

理法界（真空第一）

事法界の無限の多様性も、その本性から言えばすべてが「同一性」である。その同一性を理法界と言う。それは世界の統一性の面ということである。その同一性または統一性とは何か。それはすべての事物の無差別同一ということであるから、純粋の否定というほかはなく、したがって「真空」と名づけられるのである。しかしこの真空は、物理学で言う何もない空間というようなものではない。何もない空間は事物から離れた空であって、

「断空」と言われる。真空はこのような断空ではなくて、経験的分別世界の事物がそれぞれ孤立した実体であると考えるのを否定することである。実体のことを仏教では「我《が》」とよぶので、真空は無我ということになる。つまり、すべての事物は無実体であるという点では無差別同一なのである。それが真空ということであり、理法界ということである。

このように無実体性という否定の面を強調するのは般若系統の思想である。先に挙げた竜樹の『中論』や、それを受け継いだ三論宗の思想も、広い意味では般若の系統に属するものであるから、華厳の立場から言えば、それらはいずれも理法界の説である。しかし『中論』のところでも述べたように、事物が無実体であるということは事物が依他的であるということである。したがって、真空の理法界は無実体性（無我）という否定の一面とともに依他性（縁起）という肯定の一面をもつ。依他縁起の理は万象をつらぬく理であるから、理法界なのである。

しかしさらに、真空と依他性とによって理法界を特徴づけることは理法界のうちに差別をつけることである。ところが理法界の本質は事法界の差別に対する無差別同一性にある。だから真空・依他性というような言葉による差別的説明をも捨てなくては、真に理法界を明らかにしたことにならない。一切の言説を捨てなくてはならない。したがって理法界の究極は「言の及ぶところに非ず」であり、「言語《ごんご》道断《どうだん》」である、ということになる。つまり理法界は現事界の無差別同一性のことであるが、これを言説で示す場合、否定的に言えば真空（無我）であり、肯定的に言えば依他性（縁起）であり、それを体験しようとすれば言説を離れるよりほかに仕方がない、と言うのである。

理事無礙法界（理事無礙第二）

事法界は差別の世界であり、理法界は無差別同一の世界である。しかし二つの世界が別々に独立して存在するわけではない。理法界とは事法界の諸現象に共通な同一性のことであるから、事法界から独立した理法界はありえない。事のない理はないのである。そしてまた理を離れた事は差別だけを見る迷妄の世界であるから、ひとたび迷妄から覚めて理法界を見るときには、現象世界は統一的な理（真空と依他性、または無我と縁起性）によってつらぬかれていることを知るはずである。したがって理は事によってあり、事は理によってあることになり、理と事とは相互に必要にして充分な条件となって不可分に結びつくこととなる。

このことを杜順は「理と事とが鎔融《ようゆう》す」と言い、宗密は「事と理とが融和す」と言う。融という言葉は二つのものがとけあって区別のない状態になることのように考えられがちであるが、そういう意味ではない。両者は区別を保ち対立しながら、相互に不可欠条件となりあって結びつくことが融である。それで両者が相互に区別を保って対立していることを「理と事とは一にあらず」と言い、また両者が互いに不可欠条件（必要条件）となりあって不可分に結びついていることを「事と理とは異にあらず」と言うのである。「一にあらず異にあらず」という言い方も何か神秘主義めいて聞こえるが、実は決してそうではなく、極めて知的な論理的な概念規定なのである。そして、理と事とのこの融和の関係を「理事無礙」と言い、そのような関係にある世界を「理事無礙法界」と言うのである。

次に重要なことは、この理事無礙の世界にあっては、理の全体はいっさいの事にゆきわたっていると同時に、個々の事のなかに理全体がはいっている、と言うのである。理がいっさいの事の世界にゆきわたるのは、個々の事の外に理があることである。しかもまた個々の事のなかに理があるのである。したがって理は事の「内に在り」かつ「外に在る」のであり、「内に在るは即ち外に在る」のである。

事の世界の全体に偏在する理が同時に個々の事のなかに存する。全体が部分のなかにあり、部分が全体のなかにあることになる。理の普遍性と事の個別性とが互いに支えあって、普遍性の全体のなかに個別性があり、個々の個別性のなかに普遍性の全体がそなわっているのである。

これは、一念三千、あるいは三即一・一即三という天台の三諦円融の説と極めて近似したものである。したがって理事無礙法界は天台の立場にあるものとして、ふつうはこれが最高の認識段階と考えられている。西洋哲学と比較してみても、たとえば、スピノザは三種の認識方法を挙げているが、その第一種認識は経験的現象を個々バラバラに認める立場であって、まさに事法界に該当する。第二種認識は個々の現象をつらぬく普遍的な因果の理をとらえることであるが、これはまさしく理法界である。そして第三種認識として唯一絶対の自然のなかに個々の現象を見る直観智を挙げているが、これは理のなかに事を見ることであるから、理事無礙法界に該当する。理事無礙法界は理のなかに事を見るとともに、事のなかに理を見ることを必要とするが、スピノザの直観智はその前半だけを含むものである。それにしても、彼はこの第三種の直観智をもって最高の認識方法と考えているが、それは理事無礙法界を最高のあり方とする立場に該当する。

このように、通常は理と事との相即をもって最終の認識とするのであるが、華厳思想にあってはそれから一歩進んで、事と事との相即無礙を認識することが要求されるのである。

事事無礙法界（**周遍含容観第三**）

先の理事無礙の認識にあっては、理と事とは互いに必要条件となりあって、不可分に結びついている。したがって個が全のなかにあると同時に、全が個のなかにある。個が全のなかにあることは理法界の段階でも考えられることだが、全が個のなかにあることは理事無礙法界ではじめて考えられることである。しかし各個の事物のなかに同一の理の全体が含まれるならば、あらゆる個々の事物は互いに同じ構造をもち、互いに一対一に対応するはずである。個と個とは一対一に対応しあうことによって互いに他を含み、互いに他に含まれることになる。この関係を「事事無礙」と言う。

個々の事と事とが区別され、対立しながら相互に一対一に対応して、互いに含み含まれあうことを「無礙」と名づけたわけである。それを杜順は「周遍含容」と言うが、その意味は一切が一切を含みあうということである。この事事無礙は理を通して事と事とが融和することである。だから理事無礙がなくては事事無礙はありえない。しかし理事無礙にとどまっていては事事無礙とはならない。理事無礙にもとづいて、しかもそれを一歩超えるところに事事無礙が成立する。理事無礙までは天台も達することができた。

しかし、事事無礙は華厳にしてはじめて達することができる智慧の窮極である、というのが華厳の言い分である。つまり、理と事との融和、または全と個との融和は、個々の事の多様雑多を統一することであって、そこに多様性の統一としての正しい認識が成立し、したがって誤謬や無知にもとづく迷いは消える。しかしそれは、悟りとはいってもまだ消極的である。現実世界に働きかけるような積極性をもつためには、単に普遍的理法と個物との融和をみるだけではなく、その普遍の理を通して個と個との関係を知らねばならない。それが事事無礙観の要求されるわけである。

（2） 事事無礙の認識

四種法界の論理

四種法界は右に述べたようなものであるが、その論理構造についてやはり『法界観門』を手がかりにしながら考えてゆきたい。

(a)事法界。事法界は個々の事物を他から区別して孤立的に見た世界であった。だからそれは、個物の差別性だけを見て、個と個との同一性または共通性をすべて無視する立場である。同一なのは個物の自己自身に対する同一性だけであり、つまり自己同一性だけである。それを「一中一」と言い、また「一摂一、一入一」（一は一を摂し、一は一に入る）などとも言う。

これは形式論理学で「AはAである」と言うのとほぼ同じものと考えてよく、したがって同一律である。事法界の論理的形式はこの同一律である。これは個と個との差別性と表裏関係をなすものであって、「AはAである」という自己同一性（同一律）を裏から言えば「Aは非Aではない」という差別性である。両者は同じ事柄を肯定の形と否定の形とで言い表わしただけのちがいである。もっとも「Aは非Aではない」という差別性は矛盾律であるが、『法界観門』ではそれを矛盾律としては扱わず、単に差別性としてだけ扱っている。そこに形式論理学から見れば不充分なところがある。

事法界は個々の事物の自己同一性を実体として仮定し、したがって個は孤立して他の個と共通性をもたぬとし、個と個との差別だけを見るのであるが、しかも自己同一性という理法はすべての個物（個々の事物）に共通である。だから、すべての個は共通性または同一性をもつことになる。これが第二の理法界である。

(b)理法界。事法界が個と個との差別を見るのに対して、理法界は個と個との同一を見る。その同一性または共通性は、やはり肯定的表現と否定的表現との両面をもつ。まずそれは事法界の実体観を否定するので、否定的表現が必要である。それは「個々の事物は（自己同一的であるが）実体ではない」という否定判断であり、これを空と言う。この否定と相等な肯定判断として、「すべての個々の事物は他に依ってある」という依他性、または縁起の主張が成立する。したがってここでは空と縁起とは相等であり、それは同一の理法を否定と肯定との両面から表現したものにほかならない。

これを「一切中一」と言い、また「一切摂一、一入一切」などとも言う。これらの表現はいずれも一切にあまねき理法が個々の事物を含むことであり、論理的に言えば、普遍的述語があらゆる個別的主語の必要条件として、すべてに共通に妥当することである。

(c)理事無礙法界。理法界において全のうちに個があることが主張されたが、それを個のほうから見れば、個のうちに全があると言わねばならない。全体をつらぬく理法といっても、その内実は空（無実体性）と縁起（依他性）とにほかならぬ。しかも、空も縁起も個々の事物について言われる述語であって、主語たる個々の事物を離れては存在しない。「個物が無実体（空）である」と言われるのであって、個物たる主語のないところに空という述語はないのである。したがって理法界における述語の実体化・孤立化は否定すべきであり、述語は主語に付着してだけ存在できることが明らかにされねばならない。個別的主語は普遍的述語の必要条件である。

その意味で、理は事のなかにあり、全は個のなかにあり、「一中一切」であり、「一摂一切・一切入一」である。つまり普遍的述語（理、一切）は個別的主語（事、一）に付着することによってだけ存在できるのである。と同時に、個別的主語は普遍的述語に従うことによってだけ存在できるのである。

したがって、個別的主語（個、事）と普遍的述語（全、理）とは互いに相手の必要条件となりあって不可分に結合する。これが理事無礙法界の論理構造である。つまり、事法界にあっては個別的主語が孤立的、実体的に扱われ、理法界では普遍的述語（空・縁起）が孤立的、実体的に扱われたが、理事無礙の認識はその両者の実体化を否定して、個別的主語と普遍的述語との不可分的結合を認めるのである。

(d)事事無礙法界。理事無礙法界では理と事とが述語と主語という形で不可分に結びつくが、その述語は（空および縁起という）普遍的述語であるから、あらゆる個別的主語に付着する。したがって、あらゆる個別的主語は、述語を共有することによって、相互に連関する。共通の述語を介して個々の主語は一対一に対応し、調和するのである。それを「一切中一切」と言い、「一切摂一切・一切入一切」なども言う。それを宗密の注では、

「甲の鏡が乙の鏡を写し取って、自己のうちに写像するとき、甲の鏡はまた乙の鏡のなかに写像されて、そのなかに入る」

というように説明している（大正蔵四十五、六九一頁、中）。つまり甲と乙とが相互に一対一に対応しあうので、甲が乙のなかに入り、乙が甲のなかに入るのである。こうして一切が一切のなかに入りあうことになる。

それは、奇数の系列と偶数の系列とが一対一に対応して、相互に写像となりあっているのにも似ている。しかも奇数列と偶数列との対応は両者がともに自然数列に対応するからであり、つまり自然数列という共通のものを介して対応するのである。それと同様に、事

事無礙法界の個と個との対応調和は、共通の理（共通の普遍的述語）を介してだけ成立できることである。したがって、事事無礙は理事無礙のうえに立って成立する認識である。この認識によって、個と個との差別性が個と個との同一性（共通性）と相等になる。差別性と自己同一性との相等は、すでに事法界の認識で成立したのであるが、それは各一個の主語についてだけ成立するものであった。しかし事事無礙にあっては、主語と主語との相違性がすなわち述語の同一性になるという形で両者の相等が成立するのであり、それは変化を通じての不変式という認識である。

本質は認識論

鏡の譬喩はライプニッツの単子論の論法と酷似したものがあるが、それだけでなく、事事無礙の思想全般が単子論とよく似ている。ライプニッツの場合にも、個物（単子）は相互に他を写しあう鏡であり、相互に一対一に対応しあうのであり、したがって個物は全宇宙を自己のうちに写す小宇宙である。しかも個物と個物とが相互に写しあって一対一に対応するのは、各個物が唯一共通の神を写すからである。つまり神という共通の普遍者を介して個物と個物とは対応し調和するのである。

これがライプニッツの単子論の骨子であるが、それが事事無礙の説と驚くばかりよく似た構造をもっていることは、今まで述べたところを想起してみればただちに納得できよう。

さらにおもしろいことには、前述のように、事法界・理法界・理事無礙法界の三段階がスピノザの認識の三段階説と符節を合しており、今また第四段階の事事無礙法界がライプニッツの単子論と酷似しているのは、前三段までの天台思想から第四段の華厳思想への移行が、スピノザからライプニッツへの移行と似たものをもつことである。

しかし注意しておかねばならないことがある。

その第一は、ライプニッツの場合には、個物は単子とよばれる実体と考えられているのに、華厳の「事」は個々の事物ではあるが、何らの実体ではないこと。

第二は、ライプニッツの場合には、個物と個物とを媒介するものは唯一の絶対者たる神であり、特別の主語であるが、華厳の場合には、事と事とを媒介するものは共通の理であり、普遍的な述語であること。つまり、ライプニッツ的単子は超越的な主語を介して調和しあう個別的実体であるが、華厳の事は共通の述語を介して調和しあう非実体的な個別的主語であること。

第三は、ライプニッツの単子は精神的実体であり、意識をもつものではあるが、単子論は結局存在論であるが、華厳の思想は一見存在論のように見えても本来は認識論であること。四種法界と言えば、四種の実在界というようにとれるが、実は、四種の観（見方）に対する現実世界の見え方なのである。概して仏教の思想は存在論のような外見をもつ場合でも、その本質は認識論であって、これは初期仏教が認識批判の思想であったことからの伝統である。そして念仏思想における阿弥陀仏信仰の場合のように、存在論的な思想が決定的に優位に立つように見えるときでさえ、結局は阿弥陀仏の存在は悟りのための一段階または一手段にすぎないのであって、その根本には認識論があるのである。華厳の四種法界の説も言葉のうえのまぎらわしさはあっても、本質的には存在論ではなくて認識論であるのは、仏教が本来「悟り」という高度の認識をめざしていることからも当然なことなのである。

非段階的弁証法を構成

以上に述べた四種法界の思想は段階的、肯定的弁証法をなしているが、その最高段階の事事無礙法界は、それ自身一種の非段階的弁証法を構成する。しかしそれについて考えるまえに、あと一度、四種法界の段階的弁証法の構造を図式的に整理しておきたい。

Ⅰ　事法界——「一中一」——主語の実体化。

自己同一性（肯定）⇕ 差別性（否定）

「AはAである」⇕「Aは非Aではない」

Ⅱ　理法界――「一切中一」――述語の実体化。

個別的実体の否定（空）⇕依他性の肯定（縁起）

「AはAだけに依ってはない」⇕「Aは非Aに依ってある」

Ⅲ　理事無礙法界――「一中一切」――主語・述語の相依的結合。

普遍的述語（空・縁起）の実体化の否定⇕主語・述語の結合（空・縁起なる物）の肯定

「〈実体ではない〉・〈依ってある〉は実体ではない」⇕「Aは実体ではなく、非Aに依ってある」

Ⅳ　事事無礙法界――「一切中一切」――述語を介して主語と主語との相依的結合（対応調和）。

主語の相違性（否定）⇕述語の同一性（肯定）

「Aは非Aではない」⇕「Aと非Aとは等しく空・縁起である」

(3) 事事無礙の思想

相即と相入

四種法界の認識のうち、前三種は華厳以外の思想でももつことのできるものだが、第四種の事事無礙の認識は、華厳独特の高い認識であった。だから華厳では、その認識の構造を詳細に論じるのだが、ここでは法蔵の主著の一つ『華厳五教章《けごんごきょうしょう》』(『華厳一乗教義分斉章《けごんいちじょうきょうぎぶんさいしょう》』大正蔵四十五)によって概観したい。

すでに説明したように事事無礙とは事と事とが共通の理によって対応し調和しあうことであり、対立しあう主語と主語とが共通の述語によって等しくなることだった。相違し矛盾するものの一致、Aと非Aとの一致である。しかしそれは、「Aは非Aである」ということではない。Aと非Aとが等しい述語(空・縁起)をもつということである。

矛盾の一致と言えば何か神秘的で非合理な認識のように聞こえるが、決してそうではない。矛盾し相違する主語が共通の述語をもつということであるから、それは特別なことではなくて、まったく合理的なことである。それが事事無礙ということであるが、その一致の仕方に二つの様式があると言われる。相即と相入とである(『五教章』四)。

相即とは「空有の義」であると言われる。その意味は、

「自もし有なるときには、他は必ず無なり」

と説明される。つまり、Aが肯定される場合には非Aは否定され、非Aが肯定されるときにはAが否定される。したがって、

「Aは非Aではなく、非AはAではない」

ということである。これは矛盾律であり、事法界での相違性の認識に該当する。このように自と他（Aと非A）は矛盾対立するが、それだから「自は他に即し、他は自に即す」という関係が成立する。これを「相即」と言うのである。「即」というのは、まず「他は自に即す」とは「他が無であることによって自がある」（「由他無性、以自作」）という意味であり、また「自は他に即す」とは「自が無であることによって他がある」（「由自無性、用他作」）という意味である。したがって、「即」とは、一方の否定が他方の肯定の必要条件となることである。そして、Aと非Aとが相互にこのような必要条件となりあうので、両者は相即するというのである。つまり、相即とは両者が必要・十分条件となりあうことであって、

一方の否定 ⇕ 他方の肯定

という形の相等関係である。この関係をあらゆるものに拡張して考えれば、「一即多・多

即一」となる。というのは、非AのなかにはB、C、Dなどの多があるので、Aと非Aとの相即はAとB、C、Dなどとの相即であり、一と多との相即となるからである。

次に相入とは「力無力の義」であると定義される。その意味は、

「自が全力を有《も》つが故に、所以《ゆえ》に能《よ》く他を摂す。他がまったく無力なるが故に、所以に能く自に入る」

と説明する。これは「他が自に入る」場合であるが、「自が他に入る」場合もまったく同様に説明される。そして自と他とが互いに相手のなかに入るので、「相入」となる。この相入が相即とちがうところは、相即は並列する物（体）の相互依存の関係であるが、相入は物の作用（用）の相互依存の関係であるという点にある。つまり、相即はAという主語と非Aという主語との間の相互否定的な依存関係であるのに対して、相入はAのもつ能力と非Aのもつ能力との間の相互否定的な依存関係である。

たとえば種子が草になるとき、種子の存在が無になることによって草となり、草の存在が無になることによって種子となるが、これが種子と草との相即である。次に、現実の種子は生長する能力をもつので、そのなかには未だ存在しない草が可能性として含まれているが、種子から草になったときには、現実の草は実を結ぶ能力をもつので、したがって種子を可能性として含む。これが種子と草との相入である。

したがって相入とは現実のものが非現実のものを可能性として含むということである。Aが現実（有力）であるときには、非Aは非現実（無力）であって可能性としてAに含まれる。非Aが現実（有力）のときにはその逆になる。こうしてAと非Aとの現実性・可能性の相関関係が相入である。『五教章』ではこれを一から十までの自然数の例によって次のように説明している。

一は十を含む

「もし一がなくば、すなはち十は成らざるが故に、一はすなはち全力なるが故に十を摂する也」と言う。この文章は二部に分けて考えることができる。

第一に「もし一がなくば、すなはち十は成らず」という命題であるが、これは一が十の必要条件たることを言うものである。

第二に、「一はすなはち全力なるが故に十を摂す」という命題であるが、これは一が現実（有力）である場合には、非現実（無力）の十を可能性として含む、ということである。

この二つの命題を結びつけて、先に掲げた『五教章』の文章を説明すると、

「一が十の必要条件で、かつ一が現実にある場合には、一は十の可能性を含む」

………(イ)

ということになる。これを一般化して、共通の述語 f をもつ命題 $f(p)$ が命題 $f(q)$ の必要条件であるとするならば、(イ)の文章は、

大前提　$f(q) \Rightarrow f(p)$
小前提　$f(p)$
―――――――――――――
$\therefore$ $f(q)$ は可能である　……(ロ)

という構造になる。これは論理的に正しい推理である。もし(ロ)の結論を「$f(q)$ は可能である」とせずに「$f(q)$ である」とするならば、

$f(q) \Rightarrow f(p)$
$f(p)$
―――――――――――――
$\therefore$ $f(q)$　……(ハ)

となるが、これは後件肯定の誤謬推理である。しかし(ロ)の結論は「$f(q)$ は可能である」と言うのであるから、この誤謬を犯していない。というのは、必要条件 $f(p)$ が現存するときには、$f(q)$ は現実にはならなくとも、成立する可能性はあるからである。したがって「相入」という関係は論理的に妥当な関係であり、だから合理的な関係である。

このように相即も相入もともに論理の法則にかなう合理的関係であって、決して神秘的な非合理性でもなければ、まして不合理な誤謬ではない。それは可能性という概念を含む

高度に合理的な関係であるばかりでなく、一と十の譬喩のなかで、『五教章』はさらに、「円即前後《えんそくぜんご》」という高度の論理を展開している。

円即前後（系列的総合）の成立

一と一とが合して二となり、二と一とが合して三となり、順に進んで十となるのは、一と十とが相即相入しているからである。相即について言えば、一は十ではなく、十は一でないが、しかも一でないことは十であることの必要条件であり、十でないことは一であることの必要条件であって、両者は相即する。次に、一は十の必要条件であって、一がなければ十はない（一でないことは十であるための必要条件であるが、一があることは十となるための必要条件である）。その一が十の可能性を含むのであり、それが相入ということであるが、なぜそうであるかといえば、孤立した一とか孤立した二とか、ないし孤立した十とかいうものはないからである。一と十とは先に述べたような二重の意味で互いに必要条件になりあっているので、それぞれ孤立することはない。孤立していないから、一方が他方の可能性を含むのである。このことを、

「一は自性《じしょう》の一にあらず、縁成《えんじょう》するが故に。この故に一の中に十あるものは、これ縁成の一なり」と言うのである。「自性の一」とは孤立した一のことである。「縁成する」とは

互いに必要条件となりあうことである。一は孤立した自性の一ではなくて、二、三ないし十などと互いに必要条件になりあっている縁成の一である。だから一が十の可能性を含むことができるのである。同様にして二は十の可能性を含むと同時に、一の可能性を含み、十は一の可能性、二の可能性ないし九の可能性を含むのである。ここで二種の可能性が考えられる。

第一は、一が二、三ないし十の可能性を含む場合である。この場合には二、三ないし十はまだ現実とならない可能性である。第二は、二が一の可能性を含み、ないし十が一、二などの可能性を含む場合であり、この場合には一、二などはすでに現実となり終わって十の要素となっている可能性である。つまり、十を分解すれば一が出てくることもありうるという可能性である。

この二種の可能性について、『五教章』は、前の場合（一が十を含むこと）を向上《こうじょう》と言い、後の場合（十が一を含むこと）を向下《こうげ》と言う（大正蔵、同上）が、両者は不可分のものである。言い換えれば、一が向上して十になる可能性を含むのは、一加える一が二となり、二加える一が三となり、ないし十となるという加法演算の可能性をもつことである。しかし、加法で一をただ並べただけでは、多くの一があるにすぎず、決して二にも三にも十にもならない。これを『五教章』の言葉で言えば、

「もし一が十に即さずんば、多くの一もまた十を成さず。何故とならば一、一は皆十にあらざるが故なり」

ということになる。だから、一に一を加えていって順に二となり三となり十となりうるためには、「一が十に即する」ことが必要である。「即する」とは先に説明したように一方の否定が他方の肯定の必要条件となることである。つまり、「一が十に即する」とは「一が現実の一でなくなることが、十が現実の十となるための必要条件である」ということである。一が現実の一でなくなって、十の要素となって十に即するとき、十が現実となるのである。これは先に言った向下である。

だから、加法の計算が成立するためには、一に順に一を加えて並べてゆくという向上の操作と同時に、その並べられた多くの一を自己の要素として総括する向下の操作とが同時に作用するのでなくてはならない。その場合、理解の簡便のために、次のように、向上は加法記号であらわされ、向下は等号であらわされる。

$$1+1+\cdots\cdots+1=10$$

向上――向下

系列（前後）――総合（円）

系列的総合（円即前後）

右のように、向上の系列と向下の総合とが不可分に結びついて、系列的総合が成立する。これを「円即前後」と言うのである。「円」とは総合であり、「前後」とは系列である。これをまた「一中多・多中一」とも言う。「一中多」とは、前後の系列をなして十となりうる向上の一である。「多中一」とは、十の要素として十に総合される一である。

解脱体験への重要な論理

こうして一と十との相即相入は円即前後（系列的総合）という形をとるのであるが、それはただ一と十というような有限な場合に限るのではない。同じ論法を重ねていけば「重々して無尽をなす」はずであり、無限の系列が一個の概念で総括され、総合されるはずである。それは数理で言えば収束する無限級数、たとえば、

$$\frac{1}{2}+\frac{1}{4}+\frac{1}{8}+\cdots\cdots=1$$

のような場合であり、また連続函数の極限のような場合である。

しかも、相即相入は単にこの円即前後という形につきるものではなく、あらゆる場合に個と個とが相互に必要条件となって、全体を個のうちに含みあうことを言うのであり、しかもそのもっとも重要な適用は解脱の体験への適用である。個々の事物が無限性を宿して調和しあい、個々の瞬間が永遠を宿して対応しあい、個々の心が全宇宙を宿して感応しあうという積極的な調和の体験に、相即相入・事事無礙の本領がある。

しかし華厳思想の特徴は、そういう体験を単に言表できない非合理的体験として終わらせずに、緻密な論理をもってこれを言表し、合理的思弁によって非合理的体験を支えるところにある。この合理的思弁の支えを取り去れば、華厳はただちに禅に転じ、事実、先にも挙げた宗密などは、一方で華厳を学びながら、他方では禅に参じており、彼以後にあっては華厳は急速に禅に融けこんでしまうのである。それだけになお、華厳の特徴はその合理的思弁にあると考えられるのであり、我々はその論理を検討する必要にせまられる。

悟りの後の正しい判断

華厳思想の特徴は「三界唯心《さんがいゆいしん》」とか「性起《しょうき》」とか、種々な形で表現される。しかしその論理の特徴は事事無礙または相即相入にある。その構造の骨格については、いままで論じたところでほぼつきると思われるので、次にその弁証法的な性格を検討しよう。

四種法界の思想はすでに段階的弁証法の性格をもつ。しかし天台の次第の三観ほど明瞭に矛盾を媒介としてはいないので、はっきりした弁証法ではない。特に理事無礙法界から事事無礙法界へうつるとき、その媒介となるはずの矛盾性がほとんど表面に出てこないのである。しかし四種法界の頂点にある事事無礙法界の弁証法的性格は明瞭にあらわれている。

それは対立し差別しあう個と個との間の同一ということであり、差別の同一であり、矛盾の同一であるから、明らかに矛盾を介しての認識である。そして、それが解消することのできない矛盾ならば認識の成立する余地はないのであるが、事事無礙における矛盾は、差別される主語と主語とが同一の述語をもつという形で解消されるのである。しかし、差別性と同一性という矛盾しあう概念が相等関係で結合され総合されているので、一種の弁証法的思考であると言ってよい。

とはいえ、それは、ヘーゲル弁証法のように思想内容が順に構成されてゆく過程的弁証法ではない。また唯識論や天台の次第三観のような認識態度または見方の段階的な変化を示す段階的弁証法でもない。それは天台の三諦円融と同様な見方に関する非段階的弁証法である。そのうえ、竜樹の『中論』にあるような否定的弁証法ではなくて、肯定的弁証法である。つまり、悟りの体験に達するために妄分別（誤った判断）を否定する論法ではなくて、悟りに達した後の正しい分別を示す論法であって、その点は天台の三諦円融とよく似ている。

さらに、天台に限らず、仏教のあらゆる弁証法がそうであるように、事事無礙の弁証法もまた実体なき弁証法である。ヘーゲルの弁証法は絶対精神という実体の自己展開であるが、事事無礙はものの見方であって、何らかの実体のあらわれではない。

静的な矛盾の一致

これらの性格は事事無礙の特徴にはちがいないが、しかしさらにもっとも重大な特徴として考えられるのは、それが静止的な調和の弁証法であるところにある。それは相即および相入の概念にはっきりとあらわれている。

相即とは、すでに説明したように、有と空（無）との相依関係であり、一方の否定が他方の肯定の必要条件となりあうことであった。相入とは、有力（現実性）と無力（可能性）との相依関係——一方の現実性が他方の可能性の必要条件となることであった。そして、事事無礙とは相即相入のことであるから、まず相即によって甲と乙とが否定的に結びついて差別が成立し、次に相入によって甲が乙の可能性を含み、乙が甲の可能性を含み、相互に含みあって一対一に対応し、対等になる。しかもこの対応は甲と乙とに共通な述語を介して成立するものである。したがって、相即が差別性であり、相入が同一性であって、相即相入は差別性を通しての同一性であり、差別の同一、矛盾の一致であるから、弁証法的である。しかもそれは、矛盾を克服して一致に達するという動的な緊張を含んだ弁証法ではない。矛盾の一致とはいっても、差別されたる個物と個物とが静的な対応を保ち、相互に相手の可能性の必要条件となりあって調和するのである。つまり事事無礙は静的な調和の弁証法であって、対立抗争の緊張を含まない思想である。この点、同じ弁証法とはいっても、マルクスのそれなどとは正反対の思想である。

このような弁証法は何を意味するか。それは極端な肯定的態度をあらわす。差別対立しあうものも、その共通の面から見れば相互依存しあい、相互に調和しあうので、否定し排除すべきものは何もないのだという絶対肯定の態度——それが事事無礙の弁証法の意味するものである。

(4) 仏教思想の頂点——性起

すべては絶対者のあらわれ

華厳思想は、少なくともその論理においては、全仏教思想の頂点をなすものである。それは因明のような形式論理学を発展させはしなかったが、解脱の体験という非合理的なものを、事事無礙・相即相入という論理で的確に合理化している。それは驚くべき緻密さであり、これを見ると極東の民族は論理に弱いなどとは言えなくなる。しかしこの思想にはいくつかの困難な点がないでもない。

第一に、解脱の体験を求める仏教が思弁の末に走ったために、その本来の目的から離れてしまい、せっかくの思弁もややもすれば空疎に流れて実践を忘れる危険がある。第二に、事事無礙は、結局、絶対肯定の認識であるために、かえって積極的な生活態度をはばむ恐れがある。絶対肯定は、絶対否定と同様に消極的なものである。というのは、絶対の肯定は何ものをも取り立てて肯定しないからである。あれでもこれでも、何でもよいというのであれば、選択し努力する必要はなくなってしまうわけである。ただし、同じ消極的態度ではあっても、絶対的な否定がすべてを拒む悲観主義であるのに対し、絶対的な肯定はすべてを許す楽天主義である。華厳の事事無礙の思想はこうした楽天主義の一つの典型であるということができる。

この点で、華厳と一面で酷似しているライプニッツの思想が、同じく楽天主義であることに思い及ぶ。個物と個物との予定調和的な対応は、すべてのものの和解となる。そこには摩擦拮抗ということはない。たとえあったとしても、それは和解の甘味を補強する塩の役目をするだけのものである。だから真の悪はない。すべては本質的に善である。悪は善の一手段としての表面上の悪にすぎない。こうして、世界は善の世界であり、善なる神のあらわれである、というのがライプニッツの弁神論の論旨である。華厳の事事無礙の思想もこれによく似ている。個物と個物との相即相入による予定調和のゆえに、すべては和解し、すべては善として許されるのである。

それだけではない。ライプニッツの神と同様に、華厳思想にあっても、すべての個物をつらぬいて、これを対応調和させるものは普遍の理であって、これを盧舎那仏（毘盧遮那仏。サ、Vairocana）とよび、一種の神格として崇拝もするのである。そしてこの方面から見れば、すべては唯一絶対者の表現として調和しあうのである。これを華厳思想では「性《しょう》起《き》」とよぶ。

性とはすべての現象の本性たる普遍の理、すなわち絶対者たる盧舎那仏のことであり、起とはそのあらわれである。したがって性起は四種法界で言えば理事無礙にあたるが、理事無礙の基礎のうえに事事無礙が成立するのであり、性起によって相即相入が成立するのである。ライプニッツの単子の予定調和説は弁神論によって裏づけされるが、それと同様に、華厳の事事無礙・相即相入の説はこの性起の思想によって支えられるのである。

無（普遍の理）の自己表現

しかし両者にはまた大きな相違点もある。すでに一度説明したことなので、重複をさけたいが、ただ注意しておきたいことは、ライプニッツの単子が実体であり、神が人格的な創造神であるのとちがって、華厳の事《じ》は現象ではあるが実体ではなく、また絶対者としての盧舎那仏も結局は普遍の理であって、天地創造をなす人格神ではない、ということである。したがって相即相入は実体なき弁証法であって、その点がライプニッツと根本からちがうのである。

実体ならざる普遍の理のあらわれとして世界を見るならば、それを無の自己表現と言うこともできるであろう。理というのは普遍的述語であるから、主語としてはない。それを名詞化して無とよぶのである。理事無礙といい、性起というのは、普遍的述語が個々の主語に付着してはじめて具体化することを言うのであるが、それを主語のほうから見れば、無である主語が個別化して有である主語・述語になる、とも考えられる。このように考えるのが西田哲学である。

したがって、西田哲学の無の思想は華厳の性起説に類似したものと考えられる。のみならず、西田哲学の無の思想にあっては、無の自己限定である個と個とが矛盾対立しながら、しかも一致する。このことがライプニッツの単子論を援用しながら説明されているが、その構造はライプニッツよりもいっそう華厳に近いということができるようである。上山春平氏も西田哲学と華厳思想との類似を指摘し、「三界唯心《さんがいゆいしん》」という点に両者の一致点を見ようとしている(『仏教の思想』6、二二五ページ以下)。

しかしそれ以外の点でも、そしてまた根本の点においても、両思想は極めて近似していると考えられる。というのは、西田の無の自己限定は華厳の理事無礙・性起に該当し、また、個と個との矛盾の一致は、この事事無礙・相即相入に該当すると考えられるからである。このような近似は西田幾多郎が禅の体験から出発したことに根本の理由があると言えよう。禅の裏には華厳思想が潜んでいるのである。

しかし、両者の間には一致しない一面もある。西田哲学の無はすべての個を包む場所であり、すべてを覆う全体的な主語である。それは普遍的述語の主語化である。これに対して華厳の理とか性というものは普遍的述語そのままであって主語化されていない。したがって前者には、主語の論理という性格が、少なくとも部分的に見られるが、後者はただ述語の論理である。主語を実体化すれば、主語の論理はただちに西洋流の実体の論理に転化する。西田哲学は無という概念で実体化を食い止めているのであるが、主語の論理という点では西洋思想に通ずるものがあるといってよかろう。これに対して華厳の論理は述語の論理であるから、主語化も実体化もない。そこに西洋思想との非常に大きなへだたりがある。

無限に流動する多様性の統一

要するに、華厳の性起・相即相入の論理は実体概念を用いずして変化における不変式を認める論理である。その点では、近代数学における函数の考え方によく似ている。函数とは相互依存の関係を数量的に表現したものであるが、函数による等式は、変数の変化を通して保たれる不変式であり、この変化による不変式は、無限に流動する多様性を統一するものである。

実体への固執はこうした流動的な多様性の統一を許すことができない。実体とは変化の外にある不変者だからである。実体概念を捨てて函数概念を用いるときに、はじめて変化を通じての不変性が認識される。華厳の論理はこの函数思想に近いものをもっているのである。それは数量化されない函数思想と言ってもよいかもしれない。

しかし華厳の求めるものは単なる理論ではない。それは解脱による安心立命・自在な境涯を求め、かつそれを表現しているのである。したがって、ただその論理を抽象して、それを西洋思想や近代科学の概念と比較するのは危険でもあり、無意味でもある。しかしまた、仏教思想、特に華厳思想にはこのように緻密な論理があること、そして、その論理によって合理的にものを考えることが解脱の一面であることも忘れてはならない。解脱が般若の智慧であると言われるのは、こうした合理性をもつからである。単なる非合理的体験だけならば、智慧であるはずがない。

第三部　合理と非合理

古代中国思想の論理

(1) 古代中国思想に占める論理の位置

独自な概念の論理学

古代の中国思想には、もともと原始的な迷信や呪術的なものが多分に含まれていたはずである。しかし、春秋時代にすでにその原型のできあがっていた『論語』などには、そのような原始的な不合理な要因はほとんど完全に取り除かれ、まったく合理的な人生観・自然観が打ち立てられている。さらに次の戦国時代に活躍した諸子百家の思想もおおむね合理的であって、迷信・呪術の類は少ない。

これは驚くべきことであるが、さらにこの時代になると論理への反省が行なわれ、形式論理学の組織化が試みられるとともに、種々の詭弁もてあそばれるのである。詭弁は、それ自体は不合理をものである。しかし、それは論理への深い洞察がなくてはできないことである。したがって、論理学は詭弁とともに発展するが、それはギリシアでもインドでも見られることである。

古代中国の形式論理学は墨家《ぼくか》（墨翟《ぼくてき》およびその系統の人々）や、儒教の一派である荀子《じゅんし》などに見られるが、それは大体のところ、概念の論理学である。しかし、それは不完全な形ながら判断論や推理論をも含むもので、単純な概念論ではない。それは概念をもって論理の全域を覆おうとする独自の概念論であって、ここに古代中国論理学の一特徴が見られる。しかも、韓非子《かんぴし》によって矛盾律が完成した形でとなえられてもいるのであるから、古代中国の形式論理学は、それなりに一個の完結した合理的思弁体系をなしているのである。

合理性の限界とその由来

しかし概念論だけで命題をも推理をも処理しようとすることには、おのずから限界がある。したがって、比較すると、それはインドの論理学より相当劣っており、内実もとぼしく、厳密さを欠くきらいがある。そこに古代中国の合理性の限界を見ることができるのである。

こうした限界が何に由来するか。それは文献学者や歴史学者の教えを待たなくてはならないが、ただ純粋に論理的な面から見ると、第一にその言語がいわゆる孤立語であって、語尾変化がないために、体言と用言との区別がなく、すべてが体言になってしまうことに原因がある、と考えられる。この区別がないために、命題は体言と用言との結合によって成立するのでなく、体言の積み重ねによって成立するものになる。

たとえば、「花が赤い」という命題は「花赤」と表現される。あるいはせいぜい「花者赤也」というように表現される。日本語で「花が赤い」と言えば、主語は名詞、述語は形容詞であるから、両者の機能上の相違もはっきりする。しかし「花赤」と言う場合には主語も述語もともに体言であって、機能上の区別がない。ただ配列の順序によって、上位にある「花」が主語で、下位にある「赤」が述語になるのである。

このように体言の積み重ねによって命題をつくることは、命題を概念の複合として考えることである。というのは、体言は論理的に言えば概念に該当するものだからである。こうして命題を概念の複合と考えるならば、命題の独自性は埋没してしまい、概念だけが論理の表面に出てくることになる。そうなれば、命題から命題を導く推理もまた、概念の複合として考えられることになり、結局のところ概念の論理ですべてを覆うことになる。概念の論理学だけで事足りるのである。

第二に古代中国では知的活動はそれ自身で意味のあるものではなく、社会的、道徳的実践の手段としてだけ意味がある、と考えられた。だから、論理そのものを探究するという試みは極めて少なく、その研究は、実践上必要な場合に限っていたのである。そして、実践上の必要という点だけから言えば、概念の論理学だけで一応の必要はみたされるから、それ以上に探究を進めなかったのである。

このような理由で、古代中国の論理学は概念の論理学にとどまった。しかしその範囲内で命題論も推理論も一応は考えられている。したがって、見かけよりは高度の論理学であると言うことができる。そして、このような論理的自覚があったことは、古代中国に合理的精神が充分に生きていたことを示すものであり、現代の我々が学ぶべき合理性をそなえているのである。

非合理性の主張とその合理性

しかし注意しなくてはならないことは、古代中国にあっては、このような実践的合理性が主張されると同時に、それに対する反定立として非合理性が強く主張されていることである。合理性の主張は儒教によって代表され、非合理性の主張は老荘によって代表される。この両思想の対立は後代の中国思想にそのまま伝承されてゆくのであるが、その本質は実践における合理性と非合理性との対立という点にある。

実践的合理性ということは、筋の通った行為ということである。だから、それに反対し、それを否定することは、筋の通らないことであり、許し難いことである。にもかかわらず、老荘思想が儒教の合理性に反対したのは、筋の通らないでたらめの行為を主張したわけではなく、社会の対人的関係という相対的なものを絶対視して、それに固執する儒教の偏狭さを非難したのだった。だから老荘の非合理性は相対的な対人関係の外なる無差別の心境であって、そこに対立意識をはなれた安心の境地があると言うのである。それは一種の宗教的な解脱の心情であって、決して社会的、道徳的な合理性を破壊するものではない。

しかしともかく、このように合理性に対して非合理性を対置させることによって、合理性に対する極めて鋭い洞察がうまれるのである。そういう洞察は『老子』のなかにも見られるが、『荘子』になるとさらに尖鋭な形であらわれてくる。こうして一見奇態のようであるが、合理性を否定する老荘思想のなかに、儒教よりもさらに高度の合理性を見出だすことができる。それは、合理性を否定することが実は合理性の自己批判であり、合理性の自覚による自己克服にほかならないからである。

古代中国思想における論理の問題は、常に社会的、道徳的な実践とからみあっているので、実践の問題を切りはなしてはその論理も意味を失う恐れがある。しかしまた、それが論理である限り、これを純粋の形で抽象して分析することができるのである。以下、実践問題を除いて、純論理的な見地から古代中国思想を瞥見《べっけん》しよう。

1　不合理の完全排除

（1）「正名」の説

「知」の思想

古代中国の思想を代表する一つとしては、少なくとも初期の儒教が挙げられる。つまり孔子の思想は、古代中国を代表するものの一つであることはたしかである。しかもそれが、呪術や迷信でかためられた因習的な伝統思想を否定して、人間の知性と良心とによって行為することを教える人道的、合理的な思想であることは、そのいちじるしい特徴である。

いまその合理的な面に注目してみると、『論語』二十巻を通じて「知」という言葉が五十五カ所に出ており、八十九回使用されている（森本角蔵『四書索引』による）。これだけから見ても、『論語』が知を重んじ、合理性を重んじたことがわかるのであるが、その基本的態度は三つにまとめることができる、と考えられる。その第一は「正名《せいめい》」の思想、第二は「知命《ちめい》」の思想、第三は知の限界の自覚である。

名を正すことは政治の第一歩

弟子の子路《しろ》が孔子に質問して、

「衛《えい》の王様が、先生をまねいて政治をさせようとしていますが、先生は最初に何をなさるつもりですか」

と言った。それに対して孔子は、

「必ずや名を正さんか」（必也正名乎）

と答えている（『論語』子路第十三、三）。これが古来有名な「正名」の思想の出処である。

しかし、それに対して子路は、

「先生はまわりくどいですね。名を正す必要なんぞあるものですか」

と反論して、かえって孔子から、

「野《や》なるかな、由《ゆう》や」（「由よ〈子路の呼び名〉、どうもお前は粗野でいけない」）

とたしなめられる。そして孔子は「名を正す」ことの必要を次のように説明する。

㈠　名が正しくなければ、言葉が自然の順序で述べられない。（名不正則言不順）

(二) 言葉が自然の順序で述べられなければ、何事も成就しない。(言不順別事不成)
(三) 何事も成就しなければ、儀礼や音楽も成立しない。(事不成則礼楽不興)
(四) 礼や楽が成立しなければ、刑罰が適中しない。(礼楽不興則刑罰不中)
(五) 刑罰が適中しなければ、民衆はどう行動してよいかわからなくなる。(刑罰不中則民無所措手足)

だから、何よりも最初に名を正すべきである、と言うのである(『論語』同上)。

政治・道徳の知的な再構成

このように、「正名」という知的なはたらきは、それ自身で意味があるのではなく、社会・政治的な問題を解決する手段(必要条件)としてだけ重要視されているのである。これは古代中国思想の、実践重視の当然の結論だが、その社会的実践を知的な矯正といういとなみのうえに打ち立てようとするところに注意を向けなくてはならない。胡適が「知的な再組織」(intellectual recognization)と言っている(『先秦名学史』英語版二四ページ)ように、それは政治・道徳を知的に構成しなおそうとする試みなのである。そこに知性の重要さへの自覚、合理性の優位が見られる。実践の範囲内ではあるが、知性が優位に立つのであり、したがって主知主義的実践論なのである。その主知主義の根本が「正名」という操作である。

論理的な狭さと弱さ

「名を正す」とは、古い皇侃《おうがん》の疏によれば、名と物とが正しく対応するようにすることであり、たとえば、「王」と言えばその名にふさわしい人物なり行為なり地位なりを指示しなくてはならず、「臣」と言えばこれもまたその名にふさわしい人物なり行為なり地位なりを指示しなくてはならない。しかも「名が実物に正しく対応すると同時に、実物もまた名にふさわしくなくてはならない」（名以召実、実以応名。皇侃『論語義疏』第七）。つまり、国王にふさわしい人物を「王」と名づけると同時に、「王」とよばれる以上は、その呼称にふさわしく行為しなくてはならないのである。だから「正名」は、純論理的には定義ということになるが、それは行為の規範にもなる。実物に相応するように名をつけることは定義であるが、一度名を与えられた後には、その名にふさわしく行為しなくてはならないのだから、その場合は、「正名」は行為の規範となる。

このように、論理の根本操作である定義と道徳的な規範とが不可分に結びついているところに、儒教の特徴がよくうかがえると同時に、その合理性の限界も判然としていると言えるのである。

論理学では概念内容を明確にすることが第一の急務であって、それが定義と言われる操作である。したがって孔子が定義に該当する「正名」を最初の要件としてとなえたのは、論理的に見てまったく正しい。それは古代ギリシアにあってソクラテスが定義によって正しい知識を獲得しようとしたのと同様であり、論理学の第一歩をふみ出したことである。

しかし孔子の場合には、その「正名」は社会的、実践的な事物だけに適用されて、それ以外の純粋な知識関心には適用されず、さらにまた「正名」をただちに実践的規範とするところに、どうすることもできない狭さがある。ソクラテスの場合にも、定義によって正しい知識を得ることは正しい道徳を実行するためであった。しかし目的はそうであっても、知識を求める限りは、彼は純粋に知的な立場に立って思索し、検討し、定義したのである。したがって、定義に到達するまでの段階として「対話」という操作が必要だった。

対話とは論敵と論じあった思想なり概念なりを検討し、そのなかに矛盾を見出だす場合には、その矛盾を排除してゆく過程である。この過程は純粋に知的ないとなみであり、その純知的ないとなみによってはじめて正しい定義が得られるのである。したがって、ソクラテスの定義論には後代のアリストテレスの論理学の萌芽があると言ってよい。

これに対して孔子の正名には、それに先行する知的検討が欠けている。ここにも儒教の論理的な弱さが見られるのである。

（2）「知命」の説

運命を自覚し運命に従う

「正名《せいめい》」が方法論であるのに対して、「知命《ちめい》」とは認識の内容である。『論語』では「天命を知る」とか「命を知る」という言葉を数カ所で使っている。まず孔子は自分自身のことを顧みて、

「五十にて天命を知る」（為政第二、四）

と言っている。また、

「命を知らざれば、以て君子たるなし」（堯曰第二十、五）

などとも言う。

これらの文句にあらわれる天命とか命という語は、古い注では「窮通之分」とか「窮通夭寿」などと説明されている（皇侃『論語義疏』第一、第十）。それは貧富とか貴賤とか長命短命などということであり、一言で言えば運命ということである。だから「命を知る」とは自己の自由にならない運命を知って、それに従順に従うことである。

しかし命は必ずしも外的な運命だけとは考えられない。『論語』よりやや後の時代につ

くられたと推定されている『中庸』に、

「天の命、これを性といふ」（第一章）

とあり、これについての古い鄭玄《じょうげん》の注では、天の命とは「天の命ずるところにして、人を生ずる者なり」と説明、また性とは「生の質であって、人が天から受けた生来の本質だ」としている。つまり、天命とは人の本性の根拠となるもののことである。『中庸』のなかでこのような意味で、「天命」という語が使われるのは、『論語』のなかにすでにそういう意味が含まれていたからと解することができる。とすれば、天命とは天からあたえられるものであるが、それは外的な運命であるとともに、人間の内的な本性のことでもある、と考えられる。

したがって、「知命」とは、運命の必然性を知ると同時に自己内在の本性（しかも道徳的本性）を知ることでなくてはならない。だから後世、朱子が「天命を知るとは、理を窮め、性を尽くすなり」（『論語集註』為政第二）と説明するのは、あながち無謀な解釈とは言えまい。

実践的認識の基礎

運命の必然性と自己の道徳的本性とを知ることは実践の原理を知ることである。だから

「正名」が方法論の基礎であるように、「知命」は実践的認識の基礎をなすものである。正しい定義の方法によって原理を知ることができ、原理を知ることによって正しい行為ができる、という論法である。そして原理を知ることはまさに朱子の言う「理」を知ることであり、普遍的法則または規範を知ることである。それは実践における合理性ということである。「正名」が方法上の合理性であるのに対して、「知命」は内容上の合理性である。

こうして、孔子の実践論は極めて合理的なものとなり、そこから呪術や迷信への批判排斥という態度がうまれるのである。たとえば、

「子、怪力乱神《かいりきらんしん》を語らず」（『論語』述而第七、二十）

と言う。孔子は、怪異や勇力や乱脈な人間関係や鬼神について語らなかった。つまり、怪異や鬼神など、合理的には認識できないものについては語らないのである。また、

「罪を天にうれば、祈るところなし」（『論語』八佾第三、十三）

とも言う。これは呪術に対する批判である。淫祠《いんし》を祀っても得るところがないから、もっぱら道徳的原理に反しないように努力せよ、と教えるのである。

しかし、実践における合理性というのは、わからないことは何もかも捨ててかえりみない、ということではない。合理性にはおのずからなる限界がなくてはならないが、それを自覚することが次の第三の条件である。

（3）知の限界の自覚

合理的態度の重要条件

孔子は、実践における知性の重要さをはっきりと認めたが、その知性は無制限にはたらくものではないこともよく自覚していた。彼は子路《しろ》に向かって、

「由（子路の名）よ、お前に知るということを教えてやろう。知っていることを知っているとし、知らないことを知らないとせよ。これが知るということだ」（由、誨女知之乎、知之為知之、不知為不知、是知也）（『論語』為政第二、十七）

と言っている。知っていることと知らないこととを判然と区別せよ、という意味である。つまり、知の限界を判然と自覚せよ、ということである。自己の限界を知ること、これは合理的態度のもっとも重要な条件であるが、孔子はすでにその自覚に達していたのである。だから、知りうることに対しては合理性をつらぬくが、知性の達しえないことに対しては無理な合理化は決してしない。したがって呪術や迷信は排除するが、しかし祖先の祭りや天の祭りという宗教的行事を否定しはしない。そういう祭りは人知を超える絶対的なるものについての象徴だからである。

なぜ「神いますがごとくす」るか

たとえば孔子は祭りについて、

「祭ること在《いま》すが如くす。神を祭るには神在《いま》すが如くす」（祭如在、祭神如神在）（『論語』八佾第三、十二）

と言う。これは神に祈って利益を求めるところの呪術ではない。人間が絶対的なものに対するとき、その絶対的なものは合理的理解を超えるので、それをただ象徴的にとらえるより仕方ないのである。「在すが如くす」とか、「神在すが如くす」とかは、その意味である。絶対的なるものが現にあると仮定して、これに対して礼をつくすのが祭りである、と言うのである。こうして合理性の限界を超えることについては、合理的態度とはちがう、象徴という方法をもってこれに対するのである。

この点で、初期の儒教と初期の仏教とははなはだ近似した点と、相違する点とをもっている。両者ともに合理性に立脚して原始的な呪術や迷信を排除した。しかし初期仏教にあっては、合理性を超えるものについては一切の思弁を中止するとともに、象徴による祭礼もしなかった。他方、初期の儒教では、象徴的な意味での祭礼を認めるのである。仏教はもっぱら安心立命の体験をめざすので、象徴という外形を迂回することを必要としなかったが、儒教のほうは社会的対人関係のなかへ宗教性を持ち込むのであるから、祭りという象徴的形式を用いないわけにいかなかったのである。このような相違はあるにしても、初期の儒教は初期の仏教とともに、東洋最初の合理的精神のあらわれだということができる。

2　合理精神の結晶と矛盾の発見

（1）　最初の中国論理学――『墨子』

墨翟の「三表」の説

古代中国の合理的精神は、墨翟《ぼくてき》によって最初の論理学となって結晶する。その思想は『墨子』によって見ることができる。現存の『墨子』のうち、「経上」「経下」「経説上」「経説下」「大取」「小取」の諸篇は、墨翟の弟子たち（いわゆる墨者、別墨）の思想を記録したものと推定されており、しかもこれらの諸篇が『墨子』の論理学の中心をなすものであるから、墨翟自身の論理思想は、現存の文献から見る限りあまり豊かなものではないが、それは最初の中国論理学という意味で重要である。

墨翟の論理思想は「三表」の説と言われるものである（『墨子』非命上）。これは三種の論証法のことで、その第一は「本之者」、第二は「原之者」、第三は「用之者」と言う。

(a)「本之者」(これをもとづくる者)とは立論の根拠を求める論証である。したがって、それは演繹法(deduction)にあたる論証法であると解釈されている(范寿康『中国哲学史綱要』七四ページ)。しかし演繹の実際の形式は論ぜられていないので、墨翟がはたしてどのような論理を考えていたかは不明である。

(b)「原之者」(これをたずぬる者)とは、刑政を行なう場合に、人々の意見に徴して行なうということである。したがって、宇野精一博士はこれを一種の帰納法(induction)と考えている(阿部吉雄編『中国の哲学』八二ページ)。

(c)「用之者」(これを用いる者)とは、理論の実際上の効果に注意して、理論の妥当性をたしかめることであると解釈される(范氏、前掲書、七四ページ)。したがって、宇野博士はこれを一種の実験的方法と解している(前掲『中国の哲学』八二ページ)。

要するに現存の文献から見る限りでは、墨翟の論理説は漠然としたもので、厳密な分析にたえるものではない。しかし論証の形式を反省して、論理法則を認識しようとする努力はうかがえる。

墨翟の思想は右のように貧相だが、その弟子たち(別墨)の論理説は、これとは段違いに豊富である。それを整理すると、おもなものは、名の説・弁の説・故の説・弁の七法・

同異の説となる。

名（概念）の説

名とは概念のことである。思考は名からなるが、その名には、達・類・私という三種がある（経上）。「達名」とは、たとえば「物」のごときであり（同上、経説上）、類概念に相当する。「類名」とは、たとえば「馬」のごとくであり（経説上）、種概念に相当する。「私名」とは、固有名詞である。こうして、名の三種とは概念の類種関係に相当するものであって、アリストテレスの概念論（範疇論）と一致する。もっとも、アリストテレスは最高類概念として十個または六個の範疇を考えているが、墨家には範疇という考え方は見られない。

弁（思考作用）の説

弁とは思考作用のことであるが、これにも三種の区別――「以名挙実」「以辞抒書」「以説出故」を認めている（小取）。そして、梁啓超はこの三種をそれぞれ、概念・判断・推理に該当すると解釈する。

たしかに、第一の「以名挙実」（名を以て実を挙ぐ）は、概念（名）によって対象（実）

を指示することであるから、概念の作用である。第二の「以辞抒意」（辞を以て意を抒《の》ぶ）は、辞（二名を合して作られる表現、すなわち命題）によって思想を述べることであると解釈される（范氏、前掲書、八五ページ）から、それは判断作用である。第三の「以説出故」（説を以て故を出《い》だす）は、説明によって根拠（故）を明らかにすることであるから、推理作用だと考えられる。もっとも、「故」という言葉は、胡適によると、原因（cause）と理由（because）との二つの意味を含む（胡氏、『先秦名学史』、九四ページ）ので、必ずしも純論理的な推理とは限らない。

それにしても、弁の三種は概念・判断・推理にほぼ該当すると考えてよく、したがって形式論理学の三部門がすでに認められていたことになる。

故（根拠）の説

「故」とは根拠のことであるが、これには「小故」と「大故」とがある（『墨子』経説上）。胡適によれば、小故とは根拠の一部であり、大故とは根拠の全部と解釈される（胡氏、前掲書、九四ページ）。しかし小故とは「有之不必然、無之必不然」（これあるも必ずしも然らず、これなくば必ず然らず）と言うのである（『墨子』同上）。したがって、小故とは必要条件ということになる。また大故は「有之必然、無之必不然」（これあれば必ず然り、これなくば必ず然らず）ということである（『墨子』同上）。したがって、大故は必要・十分条件ということになる。

墨家はこのように根拠の二種を明確に区別していたのである。その論理思想は相当高級のものであったと言えよう。

弁（思考作用）の七法

思考作用である弁には七種の別があり、それは「或・仮・効・辟・侔・援・推」の七種である（『墨子』小取）。

第一の「或」は「不尽也」と定義されている。つまり論述の全範囲を尽くさない思考のことである。したがってそれは、特殊命題（大浜氏『中国古代の論理』二六九ページ）また は蓋然判断（范氏、前掲書、八六ページ）と解釈されるが、形式論理的に言えば特称判断に該当すると考えてよいであろう。

第二の「仮」は「今不然也」（いまは然らざるなり）と定義される。つまり仮説ということである（范氏、前掲書、八六ページ）。したがって仮の弁は仮言判断にあたる（大浜氏、前掲書、二六九ページ）。

第三の「効」とは「為之法也」（これを為すの法なり）と定義し、また「効に中《あた》れば則ち是なり。中らざれば則ち非なり」と説明する。したがって「効」とは法則のことである。「効に中る」とは法則にかなうことであり、そのときは思考が是（正しい）となる。「効に中らざる」とは法則にかなわないことであり、そのときは思考は非（誤り）となる。それでこれを演繹法と解釈するむきもある（胡氏、前掲書、九五ページ。范氏、前掲書、八七ページ）。

第四の「辟」とは「挙也物而以明之也」と定義されるが、諸説いずれも「也」は「他」の誤りと解している。したがって「辟」は「他の物を挙げて、以てこれを明かすなり」ということになり、譬喩または比較に該当すると考えられる（胡氏、前掲書、九九ページ）。

第五の「侔」は「比辞而倶行也」と定義される。辞は命題のことであるから、これは「二命題を整合的に比較すること」である。第四の「侔」が概念の比較であるのに対して、この「侔」は命題の比較であり、いずれも譬喩による理解の方法である（胡氏、前掲書、一〇〇ページ）。

第六の「援」は「子然、我奚独不可以然也」（あなたがそうであるならば、私だけがどうしてそうでないことがあろう）ということである。したがってこれは類推推理である（胡氏、前掲書、九九ページ、一〇〇ページ。范氏、前掲書、八八ページ）。第四の「辟」、五の「侔」、第六の「援」は、いずれも類推法に相当するもので、三者の区別はあまり明白ではない。

第七の「推」は「以其所不取之、同於其所取者予之也」（其のこれを取らざる所を以て、其の取る所のものに同じくして、これを予《あた》う）と定義される。「其のこれを取らざる所」とは、「まだ検査されないもの」、「其の取る所のもの」とは、「すでに検査されたもの」のことである。だから「推」とは「まだ検査されないものが、すでに検査されたものと同じであるという理由にもとづいて、一般的な肯定がなされる（これを予う）」という意味と解され、したがってこれは帰納法（induction）であると考えられている（胡氏、前掲書、九九ページ、一〇〇ページ。范氏、前掲書、八八ページ）。

以上から、「弁の七法」は特称判断と仮言判断という二種の判断と、演繹・類推・帰納の三種の推理法とに相当するものである。これは、判断の分類としては全称判断その他を欠いているので不充分なものであるが、推理法の分類はこれで充分であり、その限りではアリストテレス論理学に比肩できるものである。しかし『墨子』には、推理に関してこれ以上の細かい説明がされていないので、実質的には到底アリストテレスに対抗しうるものではない。特に三段論法の基本形式さえも明らかにされていないのであるから、その点では、三段論法こそなかったけれども、五分作法という独特の推理法則を確立していた初期のインド論理学にさえも劣っていると言わなければならない。

同異の説

「同」には四種ある。第一に「二名一実、重同也」（経説上）と定義されている。つまり二つの概念が同じ外延をもつことであるから、同義語ということになる。第二に「不外於兼、体同也」と言われる（同上）。これは手足耳目などが同一の身体に属するがごときことを言うのである。したがって、異なる性質や事物が同一の基体に属することであり、内属関係の同一性である。第三に「倶処於室、合同也」と言われる（同上）。異なる人が同一の部屋にいるようなことであるが、むしろ空間的に同一地点を占めることとも解釈され、初等幾何学で言う合同の概念と似たものと考えられないこともない。第四に「有以同、類同也」と言われる（同上）。これは異なるものが同じ性質をもち、同一の類に属することである。

この四種のいずれでもないものが「異」である。これらは「同異」という概念の意味を正確に分析した、すぐれた考え方であり、そのうちで特に重要なのは「重同」である。これは概念の外延の同異を言うものであるが、この外延関係にもとづいて論理を構成するならば、そこに首尾一貫した外延の論理学が成立するはずである。しかし、墨家の思想はそこまで充分に結晶していない。

要するに墨翟を始祖とする墨家の論理思想は、概念・判断・推理の各部門にわたる広い考察を試みており、思考の基本的な型を認識していて、その限りでは、古代にはめずらしい徹底した合理的態度だと言える。しかし、思考の型をとらえただけであって、一貫した原理および法則を見出だすまでには至っていないのである。

（2）名家の詭弁

「名家」という名称は論理学者という意味であるが、実際には戦国時代の詭弁家を指している。その思想は『荘子』（特に「天下篇」）や『荀子』（特に「正名篇」）にも見られ、また『公孫竜子』という名家の著書も現在残っている。これらの文献に挙げられている諸名家のうち、主要な人物は恵施《けいし》と公孫竜《こうそんりゅう》とである。

無限大は一つの全体である

恵施は『荘子』にしばしば名を出している論理学者で、荘周《そうしゅう》（荘子）の親友であったらしい。その思想は『荘子』の「天下篇」に見られ、「歴物十条」の名で知られている。その大部分は詭弁、あるいは何とも解釈できないものである。しかし第一条の、

「至大は外なし。これを大一といふ」

という説は、現代数学で言う真無限の概念を素朴な形で表現したものと解釈される。「至大」とは無限大のことであるが、真の無限大は無制限にひろがるものではなく、自己のうちにすべてを包含するものである。「外なし」とはこの意味である。そして外のない全体をまとめて一個のもの（一個の集合）と考えるのが「大一」ということである。胡適はこれを great unit と言っているが、全体を一個のものと見るから、単なる無制限ではなく、無限大となるのである（胡氏、前掲書、一一四ページ）。少しくわしく説明すれば、無制限とは、自然数の系列のように、どんな項を取っても必ずその次の項があるような系列である。すなわち、

任意の n に対して、必ずその次の項 n＋1 がある。

という条件をみたす系列が無制限である。それに対して真の無限大はこの無制限の系列を含む自然数の全体のようなものである。この全体は自己のうちに自然数のすべてを含んでいるので、その外にはどんな自然数もないのである。だからまさに「外なし」である。

しかし、単に「外なし」だけでは、実はまだ充分に無限大とは言えない。無限大となるためには、「自己のうちに自己に一対一に対応する真部分集合」がなくてはならない。たとえば、自然数の系列に対して奇数の系列がこのような真部分集合である。奇数の系列は自然数列の（真）部分集合でありながら、自然数列に一対一に対応する（なぜかというと、

奇数列の項は順に番号をつけることができるが、番号をつけることは自然数列に一対一に対応づけることであるから)。

このように、自然数列は自己に一対一に対応する真部分集合としての奇数列をもつので、自然数列の全体は真の無限大である。なぜ自己に一対一に対応する部分集合をもつものが無限大となるかと言えば、有限大のものMの真なる部分集合M′(M自身でない部分集合)は必ずMより小さいので、両者の項は一対一に対応せず、その対偶を取って考えれば、真部分集合M′がもとの集合Mに一対一に対応するときには、Mは有限大でなく、無限大であることになるからである。

このように、現代数学で言う無限大は、複雑・厳密な概念であり、恵施の「至大」はそれより、不充分・不正確ではあるが、ともかく無限大を考えたことは古代としては驚くべき高級な論理的思考であったと言わねばならない。それは、当時にあっては詭弁と聞こえたであろうが、実は、単なる詭弁ではなかったのである。

白い馬は馬ではない

次に、名家の代表と考えられている公孫竜の思想は『公孫竜子』にまとめられている。この書はもと十四篇あったが、そのうち六篇だけが現存する。この書以外には『列子』の

「仲尼篇」に、彼の命題と言われるものが七条挙げられ、また『荘子』の「天下篇」にある弁者二十一条のうち、相当数が公孫竜に帰せられる。天野鎮雄氏の意見によると、九条が彼の思想と推定される（天野氏『公孫竜子』一一一ページ）。

公孫竜の思想は詭弁のように見えて、実は正しい論理であるものが多く、その論理的洞察の鋭さ、高さを見ることができる。恵施の思想は無限によって有限を超えるというものであったが、公孫竜の論法は、概念を分析してその限界を指摘するというものである。その所論の主要なもの若干を挙げてみよう。

「白馬非馬」。これは『公孫竜子』白馬論および『列子』仲尼篇に見られる有名な詭弁である。「白い馬は馬ではない」と言う。「馬とは形に命ずる（名づける）ものである。白とは色に命ずるものである。色に命ずるものは形に命ずることはできない。だから、白馬は馬ではない」（『公孫竜子』白馬論）、と言うのである。つまり、白という概念は色彩上の概念であり、馬という概念は形態上の概念であるから、両者の外延はまったく相違して重なることがない。だから「白馬」という連言的な複合概念をつくるのはまったく無意味になり、その外延は「馬」という概念の外延と重なることがない。したがって「白馬は馬ではない」ということになる。

このように解釈すればこの命題は詭弁ではなく、正しい論理である。しかし「白馬」という複合概念は決して無意味ではなく、外延をもたないものではない。「白」は色彩概念であるが、「馬」は単に形態だけの概念ではなく、色彩をも合わせた概念だからである。したがって「馬」という概念は「白馬」や「栗毛」や「赤馬」などの選言からなる類概念、つまり、

馬＝〔白馬∪栗毛∪赤馬∪……〕

である。したがって、「白馬」は「馬」の部分集合をあらわす概念となるので、「白馬」は「馬」に包摂される。すなわち、

白馬⊂馬

となり、日常の言葉で言えば、「白馬は馬なり」ということになる。したがって「白馬は馬にあらず」と言うのは誤りであり、詭弁ということになる。要するに、この白馬論は概念の外延関係を論ずるものであるが、その充分な認識に達していないために曖昧さが生じ、それが詭弁の原因となったのである。

一本の棒は無限に折れる

「一尺之棰、日取其半、万世不竭」（一尺のむち、日々にその半ばを取れば、万世つきず）。これは『荘子』の「天下篇」にある公孫竜の説である。一尺の棒を順に、½・¼・⅛とい

うように半分ずつに折っていけば、無限につづいて終わることがない、ということである。したがって数学的に言えば、

$$1 = \frac{1}{2} + \frac{1}{4} + \frac{1}{8} + \cdots\cdots$$

という無限等比級数のことである。しかしこれが詭弁または逆理として感じられるのは、「一尺のむち」という有限のうちに「万世つきず」という無限が見出だされ、有限と無限とが相等になるところにある。

このように、有限を分析して無限を得るという論法は、古代としては比類のない高度な論理思想である。なお、古代ギリシアのエレア派の、ゼノンの運動否定論の第二の主張（アキレス論）が、この公孫竜の命題と本質的に同一のものであることは、胡適の指摘する通りである（胡適、前掲書、一一九ページ）。

飛んでいる矢は飛んでいない

「鏃矢之疾、而有不行不止之時」（矢の速きも、しかも行かず止まらざるの時あり）。これも『荘子』の「天下篇」に挙げられている公孫竜の詭弁である。運動する矢の瞬間をとってみれば、それはある空間点にとどまっているはずである。そのように点にとどまる限り、その瞬間には運動はありえない。次の瞬間も、さらにその次の瞬間も、同じ理由によって

運動がないとすれば、矢が飛ぶということはありえない。したがって「飛ぶ矢は飛ばず」という矛盾に陥るわけである。

この矛盾が何に由来するか、公孫竜はそこまで洞察を深めていない。これとほとんど同一の矛盾を、インドの竜樹が『中論』で「已不已の矛盾」として論じていることはすでに述べたが、竜樹は単に矛盾を指摘するだけでなく、その根拠をも明らかにしている。つまり、運動するものが各瞬間ごとに静止すると考えるのは、瞬間というものを実体化して、孤立的不連続的なものと考えるために生じる誤りである。瞬間を実体的に考えさえしなければ非連続の瞬間というものはなくなるので、運動するものが各瞬間ごとに静止するという矛盾した命題も生じない。これが竜樹のはなはだ鋭利な論理である。公孫竜にはこのように矛盾の根拠まで考察するということはない。そこに彼自身および古代中国思想の論理の限界がある、と言ってよいであろう。

また同じ「天下篇」に「飛鳥之景未嘗動也」（飛ぶ鳥の影はいまだかつて動かず）という命題がある。これは前の命題と同工異曲の矛盾であり、したがって矛盾の根拠は前に説明したところと同じだが、ただこれとほとんど同一の逆理が、先に挙げたゼノンの運動否定論の第三の主張に見られることが注意をひく。

ただ矛盾的表現にとどまる

要するに、公孫竜の詭弁はギリシアのゼノンやインドの竜樹と比肩しうるほど高度な論理的洞察を含んでいるのであるが、ただゼノンの場合には、逆理を介して変化の世界を否定し、唯一不動の存在を認めようとしたのであり、また竜樹の場合には、矛盾を理由に実体観を否定しようとしている。つまり両者は、逆理または矛盾を介して矛盾なき認識に到達しようという積極的な態度をもつのであるが、公孫竜はただ矛盾的表現を提示するだけであって、それ以上に進まなかった。矛盾を克服して合理性をつらぬこうとか、矛盾によって合理性の限界を認識しようという積極的態度が欠けている。公孫竜および一般に古代中国の思想家は、有限と無限との間に矛盾を認めたうえで、しかも、異なる概念も共通性において見れば同じである、と簡単に結論してしまう（范寿康、前掲書、九八ページ）のである。

何故そのような結論が生じるかというと、たとえば「一尺のむち」という有限の概念と「万世つきず」という無限の概念とは外延を同じくするのであるから、その点だけで言えば両者は同一になり、外見上差別が消えてしまい、それ以上に追求して矛盾を解決する必要がないからである。

こうして矛盾を鋭く発見しながら、その問題の本質にせまらずに思考を中止させてしまった。これは古代中国の論理が概念の論理であって、せいぜい概念の外延関係だけでものを考えようとする当然の結果である。この限界を超えて矛盾の根拠をさぐり、合理性を徹底させるためには、概念のほかに判断（命題）・推理などを独自の論理形態として認めなくてはならないのであるが、古代中国思想ではそれができなかったのである。

3　形式論理学の完結

（1）『荀子』の正名思想

理路整然と名称の結合を説く

古代中国の論理思想を集大成したのは荀卿《じゅんけい》である。彼は戦国時代に孟子（孟軻《もうか》）よりややおくれて世に出た思想家で、同じく儒教を奉じるが、孟子が性善説をとなえたのに対して、彼は性悪説をとなえた。そのために、後世の儒家は彼を異端視する。しかしその主張は理路整然としていて、極めて合理的である。それは十七世紀のトマス・ホッブズの説によく似ており、両者の論理思想も一脈通じるものがある。

ホッブズは近世の西洋で最初に唯名論をとなえたのであるが、その唯名論とは、実在するのは個物だけであり、普遍的なのは共通な名称にすぎない、という主張である。したがって普遍的にものを考えるということは共通な名称を結合するだけのことだから、論理は名称または記号の組み合わせの計算にほかならないことになり、ここから記号論理学が発生することになるのである。もっとも記号論理学は、ホッブズの唯名論とは正反対の立場に立つライプニッツの思想をも他の源泉としているのであるが。

ホッブズと同様に、荀子も名称（名）の結合が思考の本質であると考え、したがってその結合を正しくすることがものを正しく考えることであるとした。これは一種の唯名論の考え方である。そのことは、彼がその論理学を「正名」と名づけたことからも知られる。「正名」は『論語』に由来する言葉だが、『論語』の場合には、それは道徳的な意味が主であったのに対して、荀子は純粋に論理学の意味で用いているのである。つまり荀子にあっては、名を正す論理学であり、唯名論の論理学なのである。しかもこの場合、名はそのまま概念であるから、「正名」は概念の論理学でもある。

すでに重ねて説いたように、古代中国の論理思想は常に概念の論理学であったが、それをはっきりと自覚して組織的に述べたのが荀子の「正名」の思想である。その意味で宇野精一博士が言うように、それは「シナ古代の論理思想を大成したもの」（阿部氏編、前掲書、六二ページ）と言えよう。

以下『荀子』の「正名篇」によって彼の論理説の骨格を概観する。

名の種類四つと制名の目的

名の種類——まず彼は名の四種を挙げる。刑名（刑法の名）、爵名（爵位の名）、文名（文物の名）および散名である。劉子静の解釈に従うと、刑名と爵名とは政治の範囲に、文名は儀式と教育との範囲に属し、残る散名は実物の名と抽象名詞とである（『荀子哲学綱要』、六三ページ）。したがって、前三者は実践上の概念であって、散名だけが認識および論理に関する概念となる。

制名の目的——このような名を制定する目的は、次の三つである。

(イ)実を指す。
(ロ)貴賤の別を明らかにする。
(ハ)同異を弁別する。

(イ)は、対象を区別してそれを指示するのが名の第一の目的だということになる。これは記号の基本的な機能を語るものであって、現代でも充分通用する主張である。

(ロ)は、貴賤の区別を明らかにするというのであるから、刑名の政治的、道徳的な機能である。

(ハ)の同異を弁別するという意味は、事物の同一と相違とを区別するということであるが、同異は、概念の論理学にあっては基本的な概念となるものである。

同異弁別に三段階

事物の同異を区別することは、概念論理学にとっては基本的操作であるが、荀子は、その弁別の過程は次の三段階に分かれると言う。

(イ)天官、(ロ)徴知《ちょうち》、(ハ)制名。

(イ)の天官とは、五感の感覚器官のことである。まず感覚器官によって物の性質を感受して記憶(簿)する。次に、その感受し記憶したものを心が対象として知る(ロの徴知)。徴知とは感覚表象を対象としてとらえることであるらしい。そして、この知の対象とされたものに名をつけて(ハの制名)、区別を立て、同異を弁別するのである。

この三段階は、対象認識の成立する過程であり、荀子はそれを実に明瞭に論じている。しかも重要なことは、対象認識が感覚的経験にもとづくだけでなく、名(言語・記号)の媒介を必要とするものであることを判然と認めていることである。つまり、その唯名論的立場がよくうかがわれるとともに、それにもまして注意をひくのは、認識そのものの起源と契機とを厳密に追求する、その合理的態度である。

名を論理的に分類

物の同異を定める名は、論理的に次のように分類される。

(イ)単名、(ロ)兼名、(ハ)共名、(ニ)別名。

(イ)の「単名」とは「馬」や「牛」のような単一概念、(ロ)の「兼名」とは「白馬」のような複合概念、(ハ)の「共名」とは「馬」と「牛」とを総括して「動物」とよぶような共通概念、そして(ニ)の「別名」とは共名の反対概念であって、共名を区分して生じるものであり、たとえば「動物」という共名を区分して「馬」や「牛」などとするとき、これらが別名である。

だから、西洋の形式論理学の用語をかりて言えば、共名は類概念（genus）であり、別名は種概念（species）である（范寿康、前掲書、五九ページ）。これは墨家の連名・類名と同じ考え方であるが、ただ墨家には固有名詞としての私名があるのに対して、荀子にはそれに該当する名が判然と挙げられていない。その代わりに荀子は別名を大別名、小別名と分け、また共名を単なる共名と大共名とに分ける。これは類種の段階をさらに細分したものであるが、特に大共名は最高類概念（genus generalissimus）に相当するものであり、アリストテレス論理学で言えば範疇にあたる。

このように概念の段階を立てるのは、概念の内包と外延との関係を荀子がすでに知っていたことになる、と劉子静は解釈している（劉氏、前掲書、七七ページ）。しかしこれはあまりに好意的な補足解釈であって、『荀子』の文面からはそのようには考えられない。むしろ大別名とか小別名というような大小という言葉遣いから見て、これは大浜氏が言うように概念の外延上の包摂関係と解釈するのが適当であろう（大浜氏、前掲書、二三五ページ）。ともかくこのように諸概念をもっとも普遍的なものからもっとも特殊なものに向かって配列してゆけば、各概念の適用範囲が明確になるために、事物の同異が弁別されて、思考の混乱が生じないのである。

このように類種の区別によって概念の意味を定めることが「正名」であるが、それはアリストテレスの言う「定義」とほとんど同じものである。したがって荀子の論理学の中心は定義論にあるということができる。しかし種概念の定義は、類概念と種差（同一類に属する種概念と種概念との間の相違を示す特性）とを加え合わせることによって成立するのであるが、荀子の「正名」には種差に該当するものが欠けており、この点、アリストテレスの「定義」よりも不完全だと言わなければならない。

正名論による詭弁批判

荀子はこの「正名」の理論で名家の詭弁を批判している。彼によると詭弁には次のように三種あり、これを「三惑」と言う。

(イ)用名以乱名（名を用いるのに誤って名を乱す）

(ロ)用実以乱名（対象を用いるのに誤って名を乱す）
(ハ)用名以乱実（名を用いるのに誤って対象を乱す）

この三惑のうち、(イ)の例としては、「盗を殺すは人を殺すに非ず」といったものである。この「盗」（泥棒）は「人」という言葉を表面上含んでいないので、「盗を殺す」は「盗人を殺す」のではないから「人を殺す」ことにならない、と言う。これは明らかに、言葉の表面だけを見て意味内容を無視したための誤りである、と荀子は言うのである。(ロ)の惑は、たとえば「山と淵とは平らなり」といったものである。荀子はこれを、対象上の相違を無視して言葉を用いたことにもとづく誤りだと言う。(ハ)の惑は、たとえば「白馬は馬にあらず」というたぐいである。荀子はこれを、「白馬」と「馬」とが、言葉のうえで同一でないから対象のうえでも同一でない、と考えるための誤りであると言う。

そして荀子は、この三種の惑で一切の詭弁を処理できるとする。すべてが解決できるとは考えられないが、この三惑は詭弁の基本的な型を巧みに整理し、彼の論理的思考力の強靭さ、尖鋭さがよくあらわれていると言ってよい。

（2）『韓非子』の矛盾律

戦国を背景に鋭い人間洞察

古代中国の概念論理学は『荀子』を頂点として、その後には発展を見ない。ただ『荀子』にはまだ充分述べられていなかった合理性の根本原理である矛盾律が、『韓非子』にはじめて明瞭に論じられている。

韓非は戦国時代末期の韓の公子であったが、当時鬱然たる勢力をもちはじめた秦に対して自国の独立を保つために百方手をつくし、苦心に苦心を重ねた。その結果、彼は富国強兵の策を思いつき、その手段として権謀術数を論じた。そのために、後世の儒者からは悪徳の代表のように非難される。

しかし、現存の『韓非子』を読んでみると、必ずしも悪徳の書ではなく、むしろその信賞必罰の思想などは極めて近代的、合理的な法治主義である。その人間観は荀子の性悪説にもとづいて、あまりに暗い面だけを見ているが、しかし漠然たる性善説よりは、はるかに鋭く人間の現実を洞察している。それは彼のきびしい合理的精神のあらわれであるが、それをもっとも尖鋭にあらわすものが矛盾律の提示である。

破れぬ楯と破る矛とは両立できない

『韓非子』の「難一篇」に、

「楚人で楯（盾）と矛とを売る者がいる。これをほめて言うに、『吾が楯の堅固なることは、何ものもこれを破ることができないほどである』と。またその矛をほめて言うに、『吾が矛の鋭利なることは、何ものをも破らぬことはない』と。ある人が問うた、『それならば、あなたの矛であなたの楯を突いたならばどうなるか』と。楚人は答えることができなかった。一体、破ることのできない楯と何ものをも破る矛とは同時に存立することはできないのだ」（不可同世而立）

という一文がある。これが「矛盾」という語の起源である。この一文で言うことは、何ものにも破られない楯があれば、これを破る矛はないはずであり、また何ものをも破る矛があればこれに破られない楯はないのであるから、両者を同時に肯定することはできない、ということである。これは明らかに矛盾律である。

矛盾律とは、一つの命題、たとえば「この花は赤い」という命題が、同時に真でありかつ偽であることはできない、という原理である。別の言い方をすれば、一つの主語（「この花」）に同一の述語（「赤い」）をつけると同時につけないことはできない、ということである。つまり、「この花は赤い」と「この花は赤くない」とが同時に真ではありえない、ということである。これは合理的思考の根本原理となるものである。なぜ原理となるか。「この花は赤い」と、「この花は赤くない」とが同時に真であると仮定すれば、第一に「この花は赤い」は真であるから、その否定たる「この花は赤くない」は偽になって、仮定に反する。また第二に「この花は赤くない」が真であるなら、その否定たる「この花は赤い」は偽になって、これまた仮定に反する。だから、どちらの場合にしても仮定は成立しないことになり、このような仮定を立てるのは、仮定を立てないのと同じで、何を言おうとするのかわからなくなる。つまり自殺論法となる。だからこのような矛盾した命題を許すことは、ものを考える作用を破壊することになる。したがって、ものを考える限り、矛盾は許せないのである。

この矛盾律は、古代ギリシアではプラトンおよびアリストテレスが立てたものである。そして韓非は、彼らより百年ほどおくれたのであるが、彼らと並んで最初に矛盾律を認めた功績をもつものと言える。そして、矛盾律は合理的思考の根本原理であるから、古代中国の論理思想あるいは合理的精神は韓非によって完成したとも言えるであろう。

『韓非子』矛盾律の構造

『韓非子』の矛盾の説は譬喩によって述べられており、そのうえ政治論の一部として論ぜられたものである。そのため、それは必ずしも「形式論理学上の矛盾律ではない」という批判もある。以下『韓非子』の説を分析して、その当否を考えてみたい。まず、

㈠ 楚人のもっている矛をaとする。

㈡ 彼のもっている楯をbとする。

㈢ 破るという作用をfとする。

㈣ 一般に「矛xが楯yを破る」ことは、

f（x，y）

で示される。

㈤ 「矛aが楯bを破る」ことは、

f（a，b）

と示される。

㈥ 「吾が楯の堅固なることは、何ものもそれを破ることができないほどである」という命題は「如何なる矛もこの楯bを破ることはない」という全称否定命題である。したがって、

（∀x）～f（x，b）

と表現される。

㈦　「吾が矛の鋭利なることは、何ものをも破らぬことはない」という命題は「この矛aはすべての楯を破る」という全称肯定命題である。したがって、

（∀y）f（a, y）

と表現される。

㈧　㈥と㈦とを前提とした場合、「この矛aがこの楯bを破る」ということはどうなるかというに、

㈧・一　まず㈥の全称否定から、

〔（∀x）～f（x, b）〕⇒～f（a, b）

㈧・二　また㈦の全称肯定から、

〔（∀y）f（a, y）〕⇒f（a, b）

が得られる。

㈧・三　ゆえにこの二式を合わせると、

〔（∀x）～f（x, b）〕・〔（∀y）f（a, y）〕⇒〔～f（a, b）・f（a, b）〕

となる。

㈧・四　しかるに、㈥と㈦とが前提として成立するならば、㈧・三の左辺は真であるから、推理規則に従って、その右辺も真となるべきである。すなわち、

〜f（a, b）・f（a, b）

となる。この命題は「この矛aはこの楯bを破らず、しかも破る」という命題であり、矛盾命題である。

したがって『韓非子』の矛盾の説は形式論理学的な矛盾を含んでおり、「形式論理学上の矛盾に当たっていない」という批判は適切でない。要するに、『韓非子』は実例という形ではあるが、矛盾の構造を明確に示し、矛盾律を打ち立てたのである。

古代中国の形式論理学は、『荀子』の概念論理学に『韓非子』の矛盾律を加えることによって完結するのである。これらはつまり、形式論理学の基本的な部分であって、そのうえにさらに判断論（命題論）・推理論などを構成しなくてはならないのであるが、そこまでは思索を発展させることができなかったのである。

4　調和への弁証法

（1）　合理的な占いの書

いっさいは陰陽二元の組み合わせ

古代中国の形式論理学は以上のようなものであるが、これと並行して別種の独特な論理の発達が見られる。それを代表するものは『易経』の陰陽の説である。『易経』は元来占いの書物だが、それに儒教の道徳的解釈が加わって現在伝わっているような形になったのである。その思想はあらゆる現象を陰（消極性）と陽（積極性）との二元の組み合わせによって説明する。

この二元（これを爻《こう》と言う）を⚋と⚊とで示し、この二爻を三つ重ねて乾《けん》☰、兌《だ》☱、離《り》☲、震《しん》☳、巽《そん》☴、坎《かん》☵、艮《ごん》☶、坤《こん》☷の八卦《か》を考え、これをさらに二組ずつ組み合わせて六十四

卦をつくる。この六十四卦によって一切の現象の安定、不安定の状況を説明するのである。しかし基本的に言えば、

陰陰☷、陰陽☳、陽陰☴、陽陽☰

の四種の順列をもって個々の現象を説明し、必要な場合にはこれを複合すればよいのであるから、八卦および六十四卦に限る必然性はない。したがって卦の数については合理的な説明根拠がないが、すべての現象を陰と陽との二元の組み合わせによって説明するという考え方は決してでたらめなものではない。

陰は消極性であり、論理的には否定である。陽は積極性であり、肯定である。すべての現象は必ず消極面と積極面とをもつのであり、すべての判断は必ず否定と肯定とをもつものである。だから、陰陽二元の組み合わせであらゆる状況を説明するのは理にかなったことであり、合理的なことである。

しかもそれは、事物を孤立した実体としてではなく、相互関係として説明するのであるから、函数的考え方と言ってよいかもしれない。しかし数学の函数は独立変数によって従属変数が変化することを示すが、易の陰陽の説は陰と陽とが相互に従属変数になりあうような形のものである。したがって数学との類比を言えば、函数と逆函数とを合わせたものが陰陽の説である。だからそれは、函数と言うより関係論の論理とでも言うほうが適切か

もしれない。易の論理はすべてを陰陽の相対的関係のうえに見ようとするものである。この点も、実体論的な見方よりもはるかに現実によく適合していて、その意味で合理的である。

この相対的な関係論としての陰陽の説には三つの特性が考えられる。第一は陰陽の相対性、第二は陰陽の均衡関係、第三は陰陽の交替変化である。

陰陽の相対性

陰は消極性であり、陽は積極性であるが、それらは事物に固有な本質ではなくて、事物と事物との相互関係によって定まる性質である。たとえば男は陽、女は陰と考えられているが、それは男と女とが相対するときのことである。男も親に対すれば陰であり、女も子に対すれば陽である。つまり陰陽は、何かが何かに対して陰または陽になるのであるから、論理的に言えば、それらは単項述語ではなくて二項述語である。先の例で言えば、

男は女に対して陽である。

男は親に対して陰である。

となる。したがってある個物aが他の個物bに対して陽であっても、第三の個物cに対しては陰ともなるのである。つまり陰陽は相対的二項関係（または相対的二項述語）である。

これが陰陽の根本的特性である。

これを記号論理的に表現すれば、任意の個物（事物）aについて、

（∃y）陰（a, y）・（∃z）陽（a, z）

が成立するということである。この式の意味は、「個物aはある物yに対しては陰であり、ある物zに対しては陽である」ということである。この個物aを一般化して、あらゆる個物について右の関係が成立すると考えれば、

（∀x）〔（∃y）陰（x, y）・（∃z）陽（x, z）〕

となる。これが陰陽の相対性の論理的な構造である。このような相対性を『易経』では爻《こう》の位置によって示すのである。たとえば「屯《ちゅん》」の卦は☵☳という形のもので、上の三個を外卦、下の三個を内卦と言う。そして内卦の最下の爻から数えて、第一、第二、と順に登り、外卦の最上の第六に至るのが爻の位置である。この爻の位置のうち、奇数（一、三、五）が陽の位、偶数（二、四、六）が陰の位であるとする。したがって同一のものでもその位置によって陽位にあったり、陰位にあったりする。だから、陰陽は位置によって定まるのであって、物自身の性質ではない。

位置に陰陽の別があるのは、事物の陰陽の相対性を空間の座標系で表現したものと考えてよかろう。たとえば一人の男は女に対しては陽、親に対しては陰、子に対しては陽など

という相対的関係をもつが、それを空間的に位置づけたのが、陰位（偶数番）と陽位（奇数番）との座標系である。

もともと、この位置づけは決して厳密な理論にもとづいたものではなく、したがって各卦の解釈には、曖昧さや恣意や付会が多い。しかし次の点は否定できない重要な思想である。それは、すべての事物を陰（消極性）と陽（積極性）との両面において見、しかもその陰陽を相対的関係によって定めるという思想である。『易経』が無数の不合理な言説を含むにもかかわらず、人類の古典として今日まで愛読しつづけられた理由は、この相対的関係の論理が処世のうえで極めて有効な指導原理となりえたからである。

つまり、この論理によれば、人生の吉凶善悪などはすべて陰陽の相対的関係として解釈されるので、状況に応じて善処すれば凶も吉に、悪も善になる。しかしまた、対処を誤れば吉も凶となり、善も悪に転じる。だから、常に状況に応じて慎重に事をはかり、どんな逆境にあっても落胆せず、どんな順境にあっても驕慢にならぬよう心がけるべきことを、この論理は教えているのである。このような含意は、第二（陰陽の均衡関係）、第三（陰陽の交替変化）の特性にあっては、さらに顕著になる。

陰陽の均衡関係

陰陽はいずれも相対的二項関係であるが、このことはまた、陰と陽との相補関係をも意味する。男が女に対して陽であれば、女は男に対して陰であり、親が子に対して陽であれば、子は親に対して陰となる。そのように、一般にaがbに対して陽ならば、bはaに対して陰であり、またその逆である。したがって、

陽$(a, b) \Leftrightarrow$陰(b, a)

となる。さらに全称化して言えば、

$(\forall x)(\forall y)$〔陽$(x, y) \Leftrightarrow$陰(y, x)〕

となる。このように陰と陽とは相補うのである。この相補関係は陰と陽との相等でもあるから、これを均衡と言ってもよい。一方が陽であれば他方はそれと同じだけ陰であって、両者はつりあうのである。『易経』ではこれを「正」「応」「比」「和」などの概念で表現している。

(イ)「正」とは陽の爻を陽位に、陰の爻を陰位に置くことである。先に挙げた「屯」の卦で言えば、第三(陽)位に陰爻が置かれているので不正であるが、他の場合は位と爻とが一致しているのでいずれも正である。この「正」の意味は、陽の位置にあるものは陽らしく、陰の位置にあるものは陰らしく、また、親は親らしく、子は子らしく、男は男らし

く、女は女らしくふるまわなければならないことを言うのである。

陽の位置にあるものが陰のように、陰の位置にあるものが陽らしくふるまえば、陰陽の均衡を破ることになるので、「不正」なのである。つまり不正とは、「aがbに対して陽（または陰）でありながら、しかもaがbに対して陰（または陽）であることはできない」ということであり、論理的に分析すれば、

～〔陽（a, b）・陰（a, b）〕………(α)

という関係だと考えられる。これは一種の矛盾律と考えてよいであろう。陽と陰とは否定関係にあるから、

陽（a, b）⇔～陰（a. b）………(β)

と考えてよい。したがって(β)式を(α)式に代入すれば、

～〔～陰（a, b）・陰（a, b）〕………(γ)

となる。これは明らかに矛盾律である。だから、「不正」というのは陰陽における矛盾である。「不正」が凶であると言われるのは、矛盾は成立しないということである。これに対して「正」は、陽は陽らしく、陰は陰らしく、ということであるから、一種の同一律である。つまり、

陽（a, b）⇒陽（a, b）

または、

陰(a, b)⇒陰(a, b)

ということである。

(ロ)「応」。正・不正は陰陽の位置と爻との関係であるが、次に位置と位置との関係から均衡を見ると、「応」「比」などという関係が生じる。「応」とは内卦と外卦との対応のことであって、第一と第四、第二と第五、第三と第六、の対応のことである。この対応にあって、一方が陽（または陰）ならば他方は陰（または陽）になるのを「応」と言い、両者ともに陽、または両者ともに陰のときには、これを「不応」と言う。たとえば一方が親としてふるまうのに、それに対するものが子としてふるまえば「応」、子としてふるまわねば「不応」ということになる。

つまりaがbに対して陽（または陰）であるとき、それに対応してbがaに対して陰（または陽）となれば、その関係が「応」である。またaがbに対して陽（または陰）であるときに、それに対応するbが陰（または陽）とならず、陽（または陰）になるのが「不応」である。記号論理的に分析すれば「応」とは、

陽(a, b)⇒陰(b, a)

または、

陰(a, b)⇒陽(b, a)

ということである。これは陰陽の相補性（均衡）にほかならない。また「不応」とは、

陽(a, b)・~陰(b, a) ………(α)

または、

陰(a, b)・~陽(b, a) ………(β)

ということである。これらは矛盾式である。というのは、すでに述べたところに従って、

~陰(b, a)⇔陽(b, a)
陽(b, a)⇔陰(a, b) ……(γ)
陰(a, b)⇔~陽(a, b)

であるから、(α)と(γ)とによって、

陽(a, b)・~陽(a, b) ………(δ)

となる。この(δ)式は矛盾式である。(β)式からもまったく同じ矛盾が生ずる。だから「不応」は矛盾の関係であるために許されない。『易経』が「不応」を嫌うのは、それが矛盾だからである。

(ハ) 「比」。応が内卦と外卦との対応であるのに対して、各爻の上下関係を「比」と言う。すなわち第一と第二、第二と第三、第三と第四、第四と第五、第五と第六の上下の対応で

ある。この場合も、相隣るものが陰陽相反するのが「比」と言われ、相隣るものがともに陽、またはともに陰である場合には、「比」とは言わない。たとえば先に引用した「屯」の卦では、第一位には陽爻があり、第二位には陰爻があるので相比しているが、第二位と第三位とはともに陰なので相比さない。

このような「比」の概念は論理的には「応」と同じと考えられるが、ただ「比」は近くにあるものとの均衡関係であり、「応」は離れていてしかも重要なる均衡関係である、と解釈してよさそうである。したがって比は応の相補的な役をはたす均衡関係である。その他「承」「乗」などという陰陽の均衡に関する諸概念があるが、それらの本質は、結局、陰陽の相補的均衡にあるとみて大過なさそうである。

(二) 「和」。正・応・比などの諸概念で語られる陰陽の均衡を実現することが「和」である。「乾《けん》」の卦に彖伝《たんでん》に「大和を保合す」というのがそれである。それは調和を保つことであるが、調和を保つとは「不正」や「不応」を排除して陰陽の均衡を実現することである。たとえば「家人」の卦の彖伝に、

「女正位乎内、男正位乎外。男女正、天地之大義也」(女、位を内に正し、男、位を外に正す。男女正しきは、天地の大義なり)

とあるのは「和」の好例であろう。それぞれの人がその陰陽の位置にふさわしく行動して

互いに相補えば、等しく肯定しあうことができる。それが均衡であり和である。したがって和とは、aがbに対して陽ならば、bがaに対して陰となり、またその逆となることであり、

陽(a, b)⇔陰(b, a)

という相補的な相等関係を実現することである。これは陰陽という矛盾対立する概念が相等関係になることであるから、「矛盾の同一性」であると言ってもよいであろう。

しかし、矛盾対立しているのは陰陽の概念であって、命題ではない。また同一なのは二つの命題であって矛盾概念そのものの同一ではない。したがって、「矛盾の同一性」とはいえ、実は「矛盾する概念の命題の同一性（相等）」ということであるから、これは矛盾律に反するものではない。それにしても、矛盾対立する概念を同一性（相等）によって総合統一するのであるから、それは一種の弁証法的思考ということができる。その弁証法的性格は、第三の特性によって一層顕著になる。

(ホ) 陰陽の交替変化と弁証法。陰陽は相対的な二項関係であり、事物に固定した性質でないために、それは状況の変化に随伴して交替し変化するはずである。たとえば一個の男が親に対するときには陰であり、女に対するときには陽になる。こうして同一人物も他との関係に即応して陰から陽へ、あるいは陽から陰へと転化するのである。このようにして

万物は相互の関連によって、あるいは陰となりあるいは陽となり、陰陽が交替変化しつづけていく。それが万物生成の道である。『繫辞伝上』に、

「一陰一陽之謂道」（あるいは陰となり、あるいは陽となる、これを道という）

とあるのはこの陰陽交替の理を言う。この理が自然法則でもあれば、また道徳法則（規範）でもある、というのが儒教的な易の解釈である。右の引用文につづいて、

「継之者善也。成之者性也」（これを継ぐものは善なり。これを成すものは性なり）

という文があるが、「これを継ぐ」というのは陰陽交替の理を規範として、これに従って行為することであり、それが道徳上の善である。また「これを成す」とは陰陽交替の理を実現することで、それが事物の本性である、と言うのである。

（2）『易経』の関係論的論理

肯定・過程・調和・循環

以上のように、自然現象をも道徳をもつらぬく根本の原理として陰陽の交替変化の理を考えるのが『易経』の立場であるが、これは、陰陽という矛盾対立する概念の相互関係によって万物の生成変化を説明するものであるから、矛盾を媒介とする論理であり、したが

って一種の弁証法である。

この『易経』の弁証法の特徴としては、第一に肯定の弁証法であり、第二に過程的弁証法であり、第三に調和の弁証法であり、第四に循環の弁証法であること——この四つを考えることができる。

第一に、易の陰陽交替の理は、竜樹の『中論』の否定的弁証法とちがって、合理的思考を否定して非合理的体験へ移行するための論理ではない。それは、合理的思考の範囲内で、矛盾を介して新しい肯定を獲得するための論理である。したがってそれは肯定の弁証法である。

第二に、易の理は天台の「三諦円融」の説に見られるような非段階的・非過程的な同時的直観的思考法ではない。それは、同一事物が他との連関によって陰と陽とを変えてゆく過程を論ずるものであるから、過程的弁証法である。

闘争をはらむ調和の弁証法

第三に、易の理は陰と陽との矛盾対立を媒介としながら、実は矛盾によって事態を否定するのではなく、矛盾するものの調和を追求してゆく論理である。だから、それは調和の弁証法であって、マルクス主義のような闘争の弁証法ではない。矛盾するものの調和とは、陰陽という矛盾対立する二概念を相補関係のなかで結びつけることである。

たとえば親は子に対して陽であり、子は親に対して陰である。陽と陰という概念は矛盾対立しているが、親が子に対して陽であるという命題と、子が親に対して陰であるという命題とは相補って相等となる。したがって、矛盾対立する概念が相等なる命題によって結ばれることになる。これは陰陽の均衡であり、その実現が調和である。そしてこの調和の実現をめざして不均衡（不正・不応）を排除してゆくところに「生成」の道がある。つまり、易の弁証法は調和の弁証法である。

もっとも、調和の実現のためには陰陽の不均衡をたえず排除してゆかなくてはならない。「父父たり、子子たり」（『家人』の卦の彖伝）というのが調和であるが、それが実現するためには、父が陽としてふるまわず、子が陰としてふるまわないような不均衡（不正・不応）の状態を排除しなくてはならない。この不均衡の排除は否定的活動であり、闘争と言えないこともない。したがって易の調和の弁証法も闘争という要因を包含しているのである。それを端的に表明したものが「革」の卦である。これは革命を肯定する卦であるが、その家伝に、

「天地革而四時成、湯武革命、順乎天而応乎人」（天地あらたまりて四時〈春夏秋冬〉なり、湯武命をあらためて、天に順い人に応ず）

と言う。自然の四季も人間社会も闘争によって新しくなる、と言うのである。しかし、易のこうした闘争は、ただ不均衡（不正・不応）を排除するだけであって、それ以上に敵を打倒することではない。しかも、不均衡の排除はそのまま調和の実現であり、「大和を保合する」ことである。陰がなければ陽がなく、陽がなければ陰がないのであるから、陰陽は相互に肯定しあうのである。これが均衡であり、調和である。したがって易の本質は調和の弁証法であることにある。

すべては循環する

第四に、易の理は陰陽が交替して万物が変化することを述べるが、その交替はくりかえしであり、その変化は循環である。たとえば陰が陽になっても、その次の変化は陽が陰になることよりほかなく、したがって陰陽のくりかえしとなり、循環となるわけである。「乾」の卦の象伝に、

「終日乾乾、反復道也」（終日乾乾すとは道を反復するなり）

とあるのは、自然現象そのものが一年は四季、一日は昼夜、という永遠のくりかえしと循環に従っており、そして、このくりかえし循環することを道徳の規範と考えているのである。したがってその弁証法は循環の弁証法であって、ヘーゲルやマルクスのような直線の

弁証法ではない。

もっともヘーゲルの思想は絶対精神が自己を順に実現してゆき、最後に完全の自己実現によって自己へ帰るという形をとる。だからそれは一種の循環を含む思想ともいえるが、しかし最初のものと最後のものとがまったく同じなのではない。最初のものは無自覚的可能態であり、最後のものは自覚的現実態である。だから、それは昼夜の反復のような真の意味の循環ではない。ところが易の変化は、「変通配四時」（変通四時に配す）と言われるように（『繫辞伝上』）、昼夜・四季のような真の意味の循環・くりかえしを言うのである。

要するに、易の論理の特性は、調和を求めて循環過程をたどる肯定的な弁証法であるところにある。それは少なくとも、過去の時代の現実の社会的実践に即応するものとして大きな効果をもっていた。そして、現代の社会生活にあっても学ぶべきものをもっている。しかし、易の陰と陽とは、概念としては矛盾対立するが、しかも相補関係のなかで結ばれて相等になり、相互に肯定しあうのである。したがって、そこには真の意味の否定が欠けており、否定による自己反省がない。合理性の徹底した反省がない。それが『易経』の合理性の限界であり古代（および後世の）中国思想の合理性の限界でもある。

しかし古代中国にあっても、合理性の自己反省が皆無だったわけではない。老荘思想はこういう反省のうえに立って、合理性から非合理性へ向かうもので、その論理は否定を主軸とした独特な論理を構成している。

5　東洋の自然と人間

(1)　無は有を宿す

根源の知的把握を否定

『老子道徳経』はいつ頃、また誰が書いたものか、はっきりしない。通説では、春秋時代に老子によって書かれたことになっており、その老子は孔子の先輩ということになっている。しかし現存の『老子道徳経』の内容は儒教道徳の批判が中心になっており、たとえば、

「大道廃有仁義」(大道すたれて仁義あり)(『老子』第十八章)

という有名な文句は、明らかに儒教道徳の基本的徳目である仁義を批判したものである。したがって『老子』の相当部分は儒教流行の後に書かれたものと推定されるので、春秋末

期頃のものと考えてよかろう。

このような前提のもとに『老子』を読めば、その無為自然の説は儒教の合理主義に対する批判であり、合理的精神の自己反省であると解釈される。

儒教は合理主義的道徳論であり、先天的な道徳原理を知的に認識できるものと考えた。『老子』はこの合理主義的道徳論に対する批判から出発する。つまり、道徳の根源が知的にとらえられるという儒教の大前提を、まず否定するのである。

「道可道非常道」（道の道《い》うべきは常道にあらず）

という『老子』冒頭の文句がこれである。道（道徳の原理）として知的に表現されるようなものは真の原理ではないのだ、と言うのである。根源にあるものは知的合理的に把握されるものではなく、したがって肯定命題で表現されるものではない。それはせいぜい消極的、否定的な表現で象徴されるにすぎない。つまり根源は名づけようのないものと言わなければならない。

「無名天地之始」（無名は天地のはじめなり）

という『老子』第一章の文はこれを意味する。

無名は天地のはじめ、有名は万物の母

このように、道徳および一切現象の根源は無名であり、合理性を超えるものであり、非合理性である。現実の現象世界はこの非合理的無名者から出発した合理的なものである。この「無名は天地のはじめなり」という文句につづいて、

「有名万物之母」（有名は万物の母なり）

という文があるが、この「有名」は、合理的表現のできるものという意味であり、一文の意味は「合理性が現象（万物）をつらぬく特性である」ということである。

こうして無名・有名または非合理性・合理性という対が『老子』の根本の論理となる。非合理的無名から合理的有名の世界が生じてくる、と言うのである。したがって非合理的無名のなかにすでに合理性の根源が含まれているのである。

「物ありて混成す。天地に先だちて生ず。寂《せき》たり、寥《りょう》たり。独立して改めず。周行して殆《あや》うからず。以て天下の母と為すべし。……吾その名を知らず。これに字《あざな》して道という」（『老子』第二十五章）

この一文は、非合理的無名のなかに合理的有名の根源が含まれているという主張を端的に示すものである。天地に先だちてあるものの名づけようのないものであり、「混成」して、混沌たる無限定のものである。しかしそのなかには「周行して殆うからず」——つま

り、規則正しい循環を行なうという性質が含まれている。規則的循環は自然現象の根本法則である。したがって無名の根源のなかにすでに合理的な自然法則が含まれているという。すなわち、無名は有名を含み、非合理性は合理性を蔵し、無は有を宿す。――これが『老子』の根本思想である。

そして、無と有とのこの対立結合は、単に根源と現象との間に見られるだけでなく、現象界もまた無と有との結合であり、道徳もまた無と有との結合である、と考える。こうして『老子』思想の全体を、無と有との対立結合という弁証法的な論理がつらぬくのであるが、それは三段に分けて考えることができる。第一は無名と有名との対立結合、第二は無用と有用との対立結合、第三は無為と有為との対立結合である。

(2) 自然と人間

無名と有名との対立結合

すでに述べたように、無名は根源であり、有名は現象である。無名の根源は合理的把握を超える非合理性であるが、現象の合理的法則を内包しているのであるから、単なる無ではない。限定を含む無限定性である。その無限定を限定したものが有名の現象界である。

有名とは合理性であるが、合理性は二つの条件をもつ。第一は名によって事物を区別することであり、第二は区別された事物の間に規則的くりかえし（特に規則的循環）を見出だすことである。この規則的くりかえしが自然法則であるが、『老子』はこれを「道は自然に法《のっと》る」というような表現をしている（『老子』第二十五章）。

このように、合理性はまず命名による区別であるが、区別は限定である。限定は無限定を限定すること以外にはないのだから、有名という形の合理性は無名という無限定を限定することによって成立するのである。無限定性がなければ限定はなく、無名がなければ有名はなく、非合理性がなければ合理性はない。無限定性・無名・非合理性は、限定・有名・合理性の必要条件である。「無名は天地の始」であって、「天地に先だちて生ず」というのは、無名が有名の必要条件だということである。

このように、有名的合理性の根拠（必要条件）として無名的非合理性を立てることははなはだ合理的である。それは、合理的に合理性を超えて、しかも合理性を基礎づける、という弁証法である。この論理を整理して言えば、

(イ)限定（有名・合理性）は、無限定（無名・非合理性）の限定である。

(ロ)だから、限定があれば無限定が必ずあるはずである。すなわち、限定（有名・合理性）は無限定（無名・非合理性）の十分条件である——合理性による非合理性の措定。

(ハ)無限定がなければ限定はない。すなわち無限定（無名・非合理性）は限定（有名・合理性）の必要条件である——非合理性による合理性の根拠づけ。

こうして無名・有名の弁証法は、一方が他方を措定し、他方が一方を基礎づけるという相依性の論理である。それは、大乗仏教の般若系統の思想、特に三論宗などに見られる論理と酷似した構造をもっている。しかし『老子』をあまり仏教に近づけてはいけない。第一に、『老子』の論理は上記のような無・有の相依性の論理であるとともに、無から有を生ずるという発出論をも含んでいるが、仏教には発出論はないのである。第二に発出論の当然の結果として、『老子』の無名は無なる実体であるが、仏教の空はあらゆる実体の否定である。

このような発出論的、実体論的思想を含んでいるために、『老子』の無名・有名の論理は純粋な弁証法となりきれないのである。

無用と有用との対立結合

無と有との論理の第二段は、有名（現象）の世界における無用と有用との対立結合である。

「土をこねて器をつくる。その無に当って器の用がある（当其無、有器之用）、戸や壁をうがって室をつくる。その無に当って室の用がある」（当其無、有室之用）（『老子』第十一章）。

器が器としての役をなすのは、その中が空虚だからであり、部屋が部屋の役をするのもその中が空虚だからである。だから器の外側の有と内側の無とが結合して器という有限物の用が成立する。部屋の周壁の有と内側の無とが結合して部屋という有限物の用が成立する。こうして、一般に有限なるものの機能は無と有との結合によって成立する。明代の沈一貫の注釈によると、王荊公という人は右の文句を説明して、

「無は万物の生ずる所以《ゆえん》であり、有は万物の成る所以である」（沈一貫『老子通』上）

と言っている。この説明ははなはだ漠然としているが、ただ注意したいことは、無と有と成との三概念によって物の用を説明しようとしていることである。『老子』の第十一章の本文の論理はたしかに無（無用）・有（有用）・成という三概念からなっており、そしてこれはヘーゲルの『論理学』の最初に出てくる有・無・成の弁証法とよく似ている。ただヘーゲルの場合には、有が最初にあって基礎をなし、無はその否定にすぎない。これに対して『老子』の場合には、まず無（空虚）があり、それを陶土や壁という有で限定することによって、無と有とが結合して器や室が成るのである。だから、無が最初にあって基礎をなすばかりでなく、無が物の機能の本質をなすのであり、有はただその補助をなすにす

ぎない。したがってヘーゲルの弁証法が有・無・成の順であるのとちがって、『老子』の弁証法は無・有・成の順でなくてはならない。つまりそれは、無を中心とした弁証法である。

無を中心とはしながら、無と有との相補関係によって物の用が成るのであるから、相補性の論理である。したがってこれは『易経』の陰陽の論理とよく似ている。しかし、易の場合には陰陽の均衡が中心となるのであるが、『老子』の場合には無と有との相補性が問題となる。したがって前者にあっては均衡のための積極的努力が必要とされるが、後者の場合には有を補う無、または反対に無を補う有という消極的な態度が要求される。そしてこの相違は、次の無為と有為との結合という第三段階において一層明白になる。

無為と有為との対立結合

人間は自然の一部でありながら、しかも自然に反するものと考えられている。

「大道廃有仁義。知慧出有大偽」（大道すたれて仁義あり。智慧いでて大偽あり）

という『老子』第十八章の文は、仁義が反自然的のものであることを端的に示している。仁義は偽なのである。人間は自然から出て自然に反するいとなみをする。人為が義なる有為であるのに対して、自然は無為であり、人為を離れたものであると考えられる。

「道常無為而無不為也」（道は常に無為にして為さざるなきなり）

という第三十七章の文句は、自然が人為を離れた無為であることを語るものである。したがって自然現象が無用と有用の結合によって成立すると同様に、人間生活は無為と有為との結合によって成立することになる。人間は自然から出てしかも反自然的のものであるから、自然（無為）と反自然（有為）との結合として考えられるのである。しかも無為なる自然こそ本質的のものと考えられるので、人間はできるだけ反自然的な人為性を捨てて、無為に従わなければならないはずである。無為自然は単に自然の在り方であるばかりでなく、人間の行為の規範となり、人為性を補うものである。したがって人間生活の論理は無為と有為とを結びつけて補いあうところに成立する。しかも有為は否定さるべき反自然として存在するのであるから、それは否定的なはたらきをもつものとして必要なのである。つまり、有為は捨てられるべき要因として必要なのである。たとえば知性は結局は捨てられるべきものであり、

「絶学無憂」（学を絶てば憂いなし）

と言い（第三十七章）、また、

「絶聖棄知」（聖を絶ち知を棄つ）

と言う（第十九章）。このように、理想状態にあっては人為的な知性はすべて捨て去るべ

きである。しかし知性を捨てるためには知性が必要であり、知性の自己否定が必要である。一般に、人為を捨てて無為自然に従うためには、人為を捨てるという人為的いとなみが必要なのである。このようにして無為と有為との弁証法は、有為の自己否定によって無為にかえるという形をとる。この論理を整理すると次のようになるであろう。

(イ)有為（人為）は無為自然から生ずるもので、自然の一部である。
(ロ)有為は無為自然の限定として反自然である。
(ハ)有為は自己の反自然性を自ら否定する。
(ニ)有為の自己否定は自然が反自然から自然自身にかえることである。

自然に発し自然にかえる

このように、自然は一度自己を否定して反自然となし、しかもその反自然を再び否定して自然自身にかえる。自然はこのような弁証法的構造をもつものであり、人間はその弁証法における否定の契機として考えられるのである。

この弁証法はヘーゲル思想のちょうど反対の構造をもっている。ヘーゲルの場合には、最初にあるものは絶対精神であり、絶対的な主観である。自然はその主観の自己否定としてだけ考えられるものであり、その自然を再び否定することによって絶対精神は自覚の段階に達するのである。『老子』の場合にはこれと反対に最初にあるものは自然であり、その自然の自己否定として人間の主観が考えられ、さらにその人間の否定をとおして自然にかえるのである。したがって、前者が精神の弁証法であるのに対して、後者は自然の弁証法となる。

この相違は、自然と人間とのどちらに重点をおくかという世界観にもとづくものである。古代の東洋にあっては、人間を包む自然を考えることによって安心をかちうることができると考えたのであるが、それは現代の吾人にとっても大きな示唆を含んでいるようである。

結論

一、本書はいわゆる「東洋」における合理的な思想を拾集したものであるが、もとより遺漏の多いことは著者自身よく承知している。特に『荘子』の論法の合理性、また宋理学の形而上学に含まれている合理的な思考法など是非とも書き加えるべきであるが、それはいずれ次の機会を待つこととしたい。

本書で「合理（的）思想」と言うのは英語の rationalism に該当する言葉である。rationalism という語は西洋の思想史のなかではさまざまに使われていて、決して単純一様の意味をもつものではない。しかし本書で合理（的）思想と名づけるものは、形式論理学とそれにもとづいて成立する弁証法的な思考様式とである。しかし形式論理学も弁証法も矛盾律（the law of contradiction）が根本の原理となるのであるから、合理的な思想とは矛盾律にもとづく思想ということになる。従来このような意味での合理的な思想は欧米の専有物であって、東洋にはそのようなものはないと言われてきた。あるいは東洋にもそれに類するものがあるが、それは初歩的な幼稚なものであって、到底欧米の透徹せる論理に敵すべきものではない、と言われてきた。

このような東洋への蔑視は一面の真実を含んでいる。というのは、精緻を極めるインド論理学も純粋に形式的に見ればアリストテレス論理学の一部に過ぎず、まして現代のブール（G. Boole）やフレーゲ（G. Frege）に対抗し得るようなものは何も含まれていないからである。

しかし他面において、東洋の弁証法はインド仏教の中論や唯識論、中国仏教の天台の三諦円融や華厳の四法界（特に事事無礙）の説、また周易の陰陽思想学等、実に多様であり、精密であり、充実した内容をもつものであって、これを蔑視することは不当であるばかりでなく、欧米の合理主義の欠陥を補い、且《か》つそれを超克するものをもっている。それ故東洋の思想を「神秘主義」の一語でかたづけるのは、如何にも愚かなことであり、また我々東洋人にとっては「誤解もはなはだしい」と言わねばならない。

我々東洋人の骨肉に滲透《しみとお》っている「東洋の合理思想」は人類の叡智《えいち》の一部を成すものであり、正当に評価すべきものである。それを学ぶことは決して骨董《こっとう》趣味でもなく感傷的な回顧でもない。それは新しい思考への指針を提供するものである。

二、それならば欧米の合理主義の根幹は何か。またその欠陥は何か。

まず、その根幹は矛盾律にある。矛盾律とは「Aと非Aとは同時には成立しない」という原理である。言い換えれば、矛盾を排除することであり、無矛盾性を保持することである。この矛盾律を厳格に、そして徹底的に守り抜くのが欧米の合理主義の根本である。

無矛盾的な形式を追求する形式論理学はもちろんのこと、矛盾を媒介者として展開する種々なる弁証法も、矛盾律を根本の原理として堅持しなくてはならないのである。そして矛盾律を堅持することは、矛盾を徹底的に排除することである。欧米の文化は常に自己に矛盾するものを徹底的に排除することによって、自己同一性を維持してきたのである。そのお蔭で欧米では科学が発達し、技術が開発され、民主主義が定着し、経済が成長して、輝かしい近代が出現したのである。

しかしこの無類に強力な欧米的合理主義にはおのずからなる限界があり、欠陥がある。十字軍を始めとして、苛烈な宗教裁判、新教と旧教との間の妥協なき宗教戦争等々、合理的な西洋の世界に再三再四発現した不合理極まりない闘争のくりかえしは何と説明してよいのであろうか。そうした好戦的傾向は二十世紀にまで続き、ついに第一次・第二次の世界大戦を惹き起こしたのであるが、それは対日戦を別にすれば、欧米の仲間喧嘩であり、その合理主義が内蔵する自己矛盾の必然的な帰結と言わねばなるまい。(日本が第二次世界大戦の一方の当事者となったのは、明治維新以来の欧米崇拝が昂じて、欧米の仲間喧嘩に介入することさえ名誉と考えたからであり、まさに「西施《せいし》の顰《ひそみ》に効《なら》う」ものであった。）

それならば欧米的合理主義のなかに内在する不合理は何に由来するのか。その合理主義は元来矛盾を徹底的に排除して無矛盾性を維持することである。それが、矛盾を排除するが故に矛盾に陥って自滅しかねない状態になるのは何故であるか。欧米的合理主義は何か根本的な欠陥を内に抱いているにちがいない。さもなければ、矛盾を排除して却って矛盾に陥るはずがない。その根本的な欠陥とは何か。それは欧米の合理主義が自我中心的合理主義である、という点にあると考えられる。その合理性は自我を中心とした無矛盾性のことであり、自我に背を向けるものは徹底的に排除するのである。デカルトは神の存在を証明するのに「我思う」から出発し、カントは科学の妥当性を保証するのに「我思う」を証人に立てたが、このように欧米の合理主義は自我を基準として、これに矛盾するものを除き、これに矛盾しないものを保存するという思考法である。一見矛盾を許すかに見えるヘーゲルの弁証法も、「絶対精神」と名づけられる自我が自己に矛盾するものを排除しながら自己を展開してゆく体系であって、自我中心的合理主義の一典型である。かかる自我中心的合理主義を要約して言えば、「自我に敵対するものを合理的に倒すこと」という一文に尽きるであろう。この原理を忠実に守れば、暴力革命も是認され、民族鏖殺《おうさつ》も正当化されるであろう。ここに欧米的合理主義の病巣がある。その病巣を剔抉《てっけつ》するには、合理主義から「自我中心」という条件を取り去らねばならないが、本書に集録した東洋の合理思想はそうした非自我中心的な合理主義のいくつかの範例を提供するであろう。

三、本書に収めた東洋古来の合理思想は欧米流の自我中心的合理主義とはちがって、非自我中心的である。東洋の合理思想も合理主義の一種であり、その限りで矛盾律に従い、矛盾を排除するものである（『韓非子』の「矛盾の説」およびインド論理学の「相違」（viruddha）の概念はその端的な表現である）。その点では西洋の合理主義と何ら相違するところがない。ただ西洋の場合とちがって、東洋では自我中心という条件をつけないのである。

それは周易の陰陽の弁証法に典型的に見られるように、自我というただ一つの極を立てて、それに背反するものを排除するのではなく、相反し相矛盾する二つの極を立てて、その両極の間に相互に補足しあい、相互に相手を肯定する関係を打ち立てるのである。相互に否定するものが相互に肯定するのである。これは矛盾のように見えるが、決して矛盾ではない。たとえば、夫婦の関係を考えてみるがよい。同一人物が夫と妻とを兼ねることはできないので、その限りで（すなわち同一人物に関する限りで）夫と妻という両概念は相反し相互否定する。しかし二人の別人AとBとに関して言えば、AがBの夫ならば、BはA

の妻となり、またその逆となり、夫と妻という両概念は相互に相手の必要条件となって相互肯定しあう。これが相互に否定するものが相互に肯定する、ということであって、そこには矛盾は見当たらないのである。つまり、一つの主語に関しては相反または矛盾する二つの概念が、二つの別個の主語に関しては相互に相手の必要条件となり、相互に肯定しあう、という関係である。これは二箇の焦点の結合によって周辺を決定する楕円に似た構造であるから、仮りに「楕円思考」と名づけてもよいであろう。すると、周易の陰陽はまさに楕円思考的な合理思想の典型である。そして本書に紹介した数多くの東洋の弁証法は(仏教であると否とにかかわらず)、このような楕円思考的な構造を共有するのであり、それが欧米の自我中心的な合理主義と決定的に異なるところである。

欧米の自我中心的合理主義は自我を独立せる実体と考えることに由来する。デカルトが方法的懐疑の末に到達した「考える我」は一つの実体であって、「延長的実体」に依存しない独立せるものである。自我がこのように独立せる実体であれば、自我は自身以外のものに依存するはずがなく、したがって自他二極の間の相互依存もあるはずがなく、つまり楕円思考の成立する余地はないのである。これとは反対に、東洋の合理思想は自我を独立せる実体とは認めない。すべてのものは独立せる実体ではないので、必ず他のものに依存しなくてはならぬと言う。この非実体的な相互依存の考えは仏教にあって特に顕著であるが、周易の陰陽にも、老子の虚無自然の説にも、たとえ陰伏的にしても、その根底に潜んでいる。そしてこの万物の非実体的相互依存性のうえに非自我中心的な合理思想が成立し、楕円思考的合理主義が成立するのである。そしてこれが欧米流の「万人対万人の戦」を超克する唯一の道を暗示するものと筆者は考えている。

解説（『増補新版　東洋の合理思想』より再録）

野矢茂樹

本書の旧版を初めて読んだのはまだ学生のときだった。私は大学の坐禅サークルの部員であり、末木剛博先生はその顧問をしておられた。私は数学を志しており、末木先生との接点はただ禅堂で黙念と坐すことと、帰路が途中まで一緒であることにしかなかった。その後私は数学を断念し、あれこれあって哲学に転向したのだが、それは私の話であって、ここに書くようなことではない。ただ、ひとつだけ書かせていただきたいことがある。哲学に転向する直前、私はおおいに意気消沈し、袋小路に入り込んだような気分と無力感を味わっていたのだが、そんなときに末木先生が、独特のふんわりとした口調で、「それじゃあだめだ」とおっしゃったのである。そしてこう言葉を継いだ。「生きてるだけ、もうけものと思わなくっちゃ」。タイムリーな一言というのは、刺さる。それ以来、「生きてるだけもうけもの」というこの言葉は私にとっての念仏のようなものとなった。その一言に救われたと言えば誇張になるが、それは確かに私の人生の転回点の要《かなめ》となったのである。

そうして私は哲学というヤクザな道に踏み込むようになり、学問的にも末木先生と近接する道を歩み始めた。

末木先生の多彩な業績の基礎には論理学とウィトゲンシュタイン研究があるが、私もまた論理学をかじり、ウィトゲンシュタインをかじるようになった。気がつくと、末木先生がかつていた職場に勤務しており、学生に論理学を教えたりなどしている。さらには、坐禅サークルの顧問までしているのである。格好だけは、末木先生の足跡を辿るような人生になっている。そしていま私は末木先生が本書の旧版を出版された四九歳という年齢に近づきつつある。そんなときに、こうして新版となった本書に再会した。なるほど末木先生の足跡を辿るかのような歩みをしてきた私だが、本書に見られるような東洋思想への眼差しはいまの私にはまったく欠けている。解説など書けはしないことを承知で、それでも丹念に読ませていただいた。そして、おそらく二十数年前よりもはるかに本書を楽しむことができた。私にも「母なる東洋の乳」への思慕が生まれてきたのかもしれない。「誤読こそ読書の奥儀」という本書の言葉に促されて、少し、私が本書を楽しんだいくつかの点についてて述べてみよう。

西洋近代思想が行き詰まると東洋思想が流行る。合理思想を打破するものとしての非合理思想ないし神秘思想としての東洋。しかし、合理思想に嫌気がさして神秘思想にあこがれるというのは、あまりにも安直である。本書の最大の意義は、こうした安手の東洋観とは異なる視座を提供するところにある。書名が端的に表わすように、東洋思想を合理性という観点から捉えようとする。しかもそれは、西洋の合理主義を物差しとして「東洋もなかなか健闘しているじゃないか」といった総括に終わるようなものではまったくない。

実は私は、恥を忍んで言うならば、学生の頃に旧版を読んだとき、そんな読み方をしていたように思う。「ふーん、東洋って言っても、インドなんかはものすごい理屈っぽいし、そうか、アリストテレスと同じくらいの論理学体系に到達したんだ。偉いものじゃないか」、そんな感想にとどまっていたように思う。それはもちろん私自身の拙《つたな》さのゆえなのだが、新版では相変わらずぼんくらな私の目にも、それが本書に対するきわめて浅薄な読み方であることがはっきり分かるように書かれてある。東洋の合理思想は、合理思想として、西洋の合理思想とは異なる独自の性格を有している。それが、西洋近代思想を乗り越えるための視点となりうる。東洋の非合理性をもって西洋の合理性を乗り越えるというのではなく、さりとて西洋合理主義に追随するものとして東洋合理思想を評価するのでもなく、異種の合理思想を対峙させ、東洋の合理思想をもって西洋の合理思想を乗り越えようとするのである。ここに本書の真の意義がある。新版で付加された結論における「楕円思考」という用語はその点を明示しようとしたものにほかならない。

では、そもそも「合理思想」とは何だろうか。それに対して本書はこう答える。合理思想とは、形式論理と弁証法を骨格とした、それゆえ矛盾律を中心に据える思考法である。少し立ち入ってこの点を順に見ていくことにしよう。

まず、「形式論理」とは何か。本書をパラパラ眺めた読者は、東洋思想を論じた書物であるにもかかわらず、妙な記号が並んでいるのに驚くだろう。これは本書がもつ外見上のもっとも顕著な特徴である。それを面白いと思う人もいれば、拒否感を抱く人もいるかもしれない。だが、合理思想は何よりも論理的に議論を展開していかなければならない。そのためには、「論理」そのものに自覚的であらねばならない。たんに個別の推理を場面ごとに展開するのではなく、それら個別の推理を統べる論理形式を把握しなければならないのである。

例えば、新因明において次のような推理が展開される。「声は無常である。なぜなら、声は所作性であり、すべて所作なるものは無常だからである。」この論理性を見てとることは、この推理が実は、「イワシは水中を泳ぐ。なぜなら、イワシは魚であり、すべて魚は水中を泳ぐからである」という有り難くもなんともない推理と同じ形式をもつことを見てとることを要求する。そしてそこから、「声」「無常」「所作」といった個別の主題を離れ、「SはPである。なぜなら、SはMであり、MはPだからである」という論理形式を取り出す。この論理形式が正しいゆえに、先の新因明の推理も正しいのである。そして、この論理形式を厳格に表現したものが、本書でも用いられているさまざまな記号にほかならない。それゆえ、論理そのものを自覚するということは、論理の形式性を自覚するということであり、それを主題的に展開するということは、形式論理を展開すること以外のものではありえず、けっきょくのところ、本書のような記号表現に行き着くのである。こうして本書は、新因明において形式論理を見出すことになる。それは、ほぼ二千年にわたって西洋の合理思想の基礎を提供してきたアリストテレスの論理学に匹敵するものであった。だが、これは東洋の合理思想のもつ半分の側面にすぎない。形式論理という面から言えば、そこにはとくに東洋の独自性はない。むしろ洋の東西を問わない論理の共通性が見てとられるべきだろう。それに対して、東洋の合理思想の独自性が現われているのは、合理思想のもうひとつの側面、弁証法においてである。

一般に弁証法とは、矛盾を媒介として統一を得ようとする思考法のことであるが、本書はそこに二つの座標軸を交差させる。第一に、弁証法は合理性を最終的に肯定するか否定するかによって区別される。前者は「肯定的弁証法」と呼ばれ、後者は「否定的弁証法」と呼ばれる。第二に、矛盾を媒介とした思考の運動としての動的な弁証法と、矛盾を媒介として全体が安定した統一を構成する静的な弁証法とが区別される。前者は段階的あるいは過程的弁証法と呼ばれ、後者はいささか独自な弁証法ではあるが、非段階的あるいは非過程的弁証法と呼ばれる。そしてこの「肯定的／否定的」「過程的／非過程的」という座標軸によって、さまざまな弁証法を位置づけていく。

西洋の弁証法は肯定的かつ過程的な弁証法として位置づけられる。それは終始合理性の中で動く。合理性から出発し、矛盾を媒介としてより高い合理性へと到達しようとする、あくまでも言語的な思考の中での弁証法である。それに対して、東洋の弁証法はいくつかの独自な形態を見せる。ここでは本書で論じられているものの中から、典型的なものとして三つを押さえておこう。竜樹の『中論』の弁証法、華厳思想の弁証法、そして『易経』の弁証法である。

一般に、インドの仏教思想は否定的弁証法であり、中国の仏教思想は肯定的弁証法であると指摘される。これは『中論』と華厳思想の対比によって鮮やかに示される。『中論』はまず徹底的に合理性の中で動くことから出発する。そして現象の背後に実体を想定することにより生じる矛盾を次々に明らかにしていく。そうして合理性内部での矛盾を媒介にして実体否定、すなわち「空」の思想へと到達する。しかし、そこに留まるならば、それは空を再び実体化することになる。そこでそれをもまた否定するのである。それは、西洋の弁証法があくまでも言語的な思考の内部での運動であったのに対し、言語的思考そのものを否定する弁証法、合理性を否定して非合理性へと至ろうとする弁証法にほかならない。ここで、注目すべきは、最初から神秘的体験によって非合理的解脱に至ろうとするのではなく、徹底的に合理的思考を尽くしてなおその合理性を否定していこうとする態度である。かくして、『中論』の弁証法は否定的かつ過程的な弁証法として位置づけられる。

私には、この『中論』の弁証法は本書が提出する東洋の合理思想のひとつの究極の姿であるように思われる。何かを否定するということは、どうしたって言語的な思考となる。言葉をもたない動物たちはただ現実をあるがままに受け取るだけであり、否定ということをもたない。否定はあくまでも言語的な思考の力である。それゆえ、ただ否定するだけでは合理性を突き破ることはできない。否定を否定する。それでもまだ、だめである。ただひたすら、永遠に否定していくという合理性の運動においてのみ、非合理性が現われる。これが、『中論』における否定的弁証法の在り方だろう。

他方、語り尽くせぬ無限の全体へと眼差しを向けることによって、この否定的弁証法の運動はひとつの安定した宇宙として示されることになる。実体が否定されればすべては関係において捉えられる。一個の茶碗も、それを用いるわれわれや、その茶碗で飲まれるだろう茶があってこその茶碗である。それゆえそれが「茶碗」という姿をもっていることには、無限の全体的連関が背景に要求される。逆に言えば、この一個の茶碗において、すでに無限の全体が潜んでいるのである。これが、天台思想の中心的主張にほかならない。そして実に興味深いことに、これは西洋思想においてはスピノザの思想に呼応する。さらに、こうした指摘が本書のまことに楽しいところなのだが、スピノザの思想がライプニッツの単子論へと発展したように、天台思想もまた華厳思想へと発展するのである。

ここで、多少本書の叙述を離れて私自身のいささかフライング気味の意見を交えさせていただきたい。私には、華厳思想が到達した事事無礙法界という思想は、次のようなものに思われる。茶碗を例にとろう。茶碗はただそれだけを切り出して茶碗であるわけではない。テーブルの上にあり、茶を入れられ、私がそれを飲む。テーブルは部屋の中にあり、茶は茶畑で摘まれたものである。かくして、茶碗が茶碗として現象するには世界全体が関係してくる。あらゆるものがそうである。一輪の花が一輪の花として現象するにも世界全体が関係してくる。そこで茶碗と花が区別されるのは、世界全体の中でどこが現実のこととして焦点を当てられているかという点においてである。私がテーブルについて茶を飲んでいるという現実が、これを一輪の花ではなく、一個の茶碗たらしめている。他方もし私が草原にいて風に揺れるそれに目を向けているならば、それは一輪の花であったかもしれない。いずれ現われているのは世界全体なのだが、現実にどこに焦点が当てられているかに応じてそれは茶碗ともなり花ともなる。とすれば、いささか荒唐無稽な言い方になってしまうが、この茶碗は可能的には一輪の花でありえたのである。

ひとつの全体を介して、すべての個はひとつのものとなる。もちろん、茶碗は花ではないし、花は茶碗ではない。茶碗と花がひとつのものであるとするのは矛盾である。しかし、それは無限の全体という語り得ぬ非合理を介して「この茶碗は可能的には一輪の花でありえた」という言語的思考へと押さえこまれることになる。ここで、『中論』における永遠の運動は静的な無限の全体性へと変貌している。同時に、けっきょく語り得ぬままであった『中論』の否定の行き着く先が、再び合理性のもとへと捉えこまれることになる。かくして、華厳思想は、仏教思想の集大成たるにふさわしく、肯定的かつ非過程的弁証法としてその個と宇宙に関する体系を完成させるのである。

このような華厳思想に対する本書のコメントが、いかにも末木先生らしく興味深い。こうした「絶対的な肯定はすべてを許す楽天主義である」と断ずるのである。あらゆるものはあらゆるものに依存しあっている。だから、排除されるべきものは何もない。この否定の力の消失は、『中論』がもっていた運動力の喪失を意味する。実際、華厳思想は宗教としては衰退していく。

『中論』や華厳思想のような仏教思想が非合理的な解脱をその中核にもっていたのに対して、『易経』には解脱のような非合理性へと向かう動機はない。それは社会的実践に即した論理を求め、合理性の中で動いている。さらに、『易経』における陰と陽は静的な全体を説明する原理ではない。例えば、ある人はその親である人物の前では陰であるが、自ら子を作り親となれば、その子に対しては陽となる。絶対的に陽であったり絶対的に陰であるものなどありはしない。それゆえ、陰を陽に転じ、陽を陰に転じることによって、より調和した状態を実現すべく運動が生じる。『易経』における陰陽は、このような生成・運動の原理にほかならない。それゆえそれは肯定的かつ過程的な弁証法であり、この点だけをとるならば、西洋の弁証法と同じであると言える。

だが、その内実は決定的に異なっている。陰と陽は相反する二つの極として立てられ、けっして止揚されてひとつになったりはしない。陰陽両極が、その関係を変えながら、弁証法的運動を生じさせるのである。ここに、本書は西洋の合理思想と東洋の合理思想の根元的な差異を見る。西洋の合理思想は実体的な自我から発し、実体的な自我という観点からより高い秩序を求めようとする。だが、『易経』に見られるような合理思想は、なるほど肯定的過程的弁証法であったとしても、なおそれは実体的な自我を絶対的に立てるようなものではない。本書にはない言い方をさせてもらうならば、陰と陽とは現象を見る観点であり、現象の背後にある実体ではない。ひとつの中心から等距離に為される運動は円であるが、二点からの距離の和を一定に保つ運動は楕円である。そこで本書は、陰陽両極を巡る『易経』の弁証法のような思考を「楕円思考」と名づけ、それを東洋の合理思想の根幹とみなすのである。

私は、私なりにこのことの含蓄を受けとめてみたい。本書は合理性を巡る考察であった。そして合理性とは矛盾を排そうとする態度にほかならない。だが、一口に合理性と言い、矛盾を排すると言っても、その態度には大別して二様あるのである。ひとつは「中心をもつ合理性」である。その「中心」とは、デカルト的な「考える我」であるかもしれない。あるいはそれは自然科学が求めているとされるような「真理」であるかもしれない。いずれにせよ、合理性を測り、弁証法を導く絶対的な基準を立てるとき、そこに不動点としての中心が生じる。他方、本書が示してきたような「中心をもたない合理性」というものもあるのである。複数の観点のもとに、絶対的な基準は変化する関係性へと解体される。そこには不動点なき運動ないしは中心なき全体が姿を現わす。そのときにこそ、硬直した合理性の枠内での弁証法ではなく、合理性そのものが弁証法的に展開しうる柔らかな弁証法が可能となる。私がここで簡単に紹介してきた『中論』の弁証法も、華厳思想の弁証法も、そして『易経』の弁証法も、それぞれ形態こそ異なるが、いずれもそうした中心なき弁証法であった。

私には、本書が提示する東洋の諸思想の姿が文献的にどれほど正確なものなのか、あるいは過度に斬新で大胆なものであるのか、評価することはできない。しかし、いま述べたような中心なき合理思想を提示しえたことの意義からすれば、そんなことはどうでもよいような気さえしてくるのである。

最後に、もうひとつ末木先生を巡るエピソードを添えて終わりにしたい。末木先生と同時に東京大学を退官された大森荘蔵先生は、私のもう一人の師である。二人はさまざまな点で対照的だった。あるとき末木先生が私に、「ようやく、自分のやっていることがとるに足らないことであるという覚悟がついた」と言われた。そこで後日私はそのことを大森先生の前で話したのである。すると大森先生は言われた、「なんだ、だらしないな、末木君は。だったらやめればいい。」大森先生は日本の哲学界に対して、徹底的に自分の頭で考えるというスタイルを吹き込み、新風を起こした人である。思えば、それは「考える私」を中心に据えた闘争型の弁証法だった。それに対して末木先生は、「中心をもたない」、複数の観点からの緊張によって研究が展開していく、まさに楕円思考的なスタイルではなかったか。

私はここで、どちらのスタイルがよいとか悪いとか言うつもりはない。ただ、多少冗談めかして言わせてもらうならば、私自身としては、大森流と末木流という二つの焦点をもった楕円運動を実現できるならば、と願う。これは、楕円思考をもその焦点のひとつに位置づけるような、より高次の楕円思考ということになるだろう。

（執筆時＝東京大学助教授。現在は立正大学教授）

参考文献

1 インドの論理思想に関するもの

『阿含部経典』（大正新脩大蔵経一、二。国訳一切経、阿含部）

『法句経』（大正蔵四）。*Dhammapada*（パーリ語）。

水野弘元『原始仏教』（平楽寺書店）

宇井伯寿『印度哲学研究』第五（岩波書店）

山口恵照『サーンキヤ哲学体系序説――サーンキヤへみちびくもの』（あぽろん社）

『木村泰賢全集』第二巻（山喜房仏書林）

『方便心論』（大正蔵三十二。国訳一切経、論集部一）

松尾義海『印度の論理学』（弘文堂書房）

宮坂宥勝『ニャーヤ・バーシュヤの論理学――印度古典論理学』（山喜房仏書林）

Jhā : *Gautama's Nyāyasūtras, with Vātsyāyana-Bhāṣya* [Poona Oriental Series, No.59].

『如実論』（大正蔵三十二。国訳一切経、論集部一）

『因明正理門論本』（大正蔵三十二。国訳一切経、論集部一）

『因明入正理論』（大正蔵三十二。国訳一切経、論集部一。宇井伯寿著作選集1）*Nyāyapraveśaka*.

『中論』（大正蔵三十。国訳一切経、中観部一。宇井伯寿著作選集5）*Madhyamaka-kārikā*.

Candrakīrti : *Prasannapadā* (par L. de la Vallée Poussin).

宇井伯寿『仏教論理学』（著作選集1、大東出版社）
宇井伯寿『空の論理』（著作選集5、大東出版社）
中村元『仏教論理思想の解明』（中村元選集10、春秋社）
中村元『論理の構造』全二巻（青土社）
北川秀則『インド古典論理学の研究――陳那の体系』（鈴木学術財団）
『唯識三十論頌』（大正蔵三十一。宇井伯寿、唯識三十頌釈論。岩波書店）*Triṃśikāvijñapti-mātratāsiddhi.*
鈴木宗忠『唯識哲学概説』（明治書院）
T.R.V. Murti : *The Central Philosophy of Buddhism* (George Allen & Unwin).
桂紹隆『インド人の論理学』（中公新書、のちに法蔵館文庫）

インドおよび中国仏教全般を通じて明解な分析を試みている入門書として次のものがある。

『仏教の思想』全十二巻（角川書店）
このうち、特に論理思想を扱ったものは、
第三巻　空の論理・中観（梶山雄一・上山春平）
第五巻　絶対の真理・天台（田村芳朗・梅原猛）
第六巻　無限の世界・華厳（鎌田茂雄・上山春平）

Ⅱ　中国仏教の論理思想

『三論玄義』（大正蔵四十五。国訳一切経、諸宗部一。岩波文庫）—金倉円照解説（岩波文庫）
『摩訶止観』（大正蔵四十六。国訳一切経、諸宗部三。岩波文庫、上・下）
『天台四教儀』（大正蔵四十六。国訳一切経、諸宗部十四）
『華厳一乗教義分斉章』（華厳五教章）（大正蔵四十五。国訳一切経、諸宗部四）
『註華厳法界観門』（大正蔵四十五）
亀川教信『華厳学』（百華苑）

Ⅲ　中国の論理思想

『論語』（岩波文庫）、皇侃『論語義疏』、朱熹『論語集注』
『墨子』（国訳漢文大成）、牧野謙次郎『墨子国字解』、梁啓超『墨子学案』
『荀子』（岩波文庫、上・下）、劉子静『荀子哲学綱要』
『荘子・天下篇』（国訳漢文大成）
『公孫竜子』（明徳出版社）、天野鎮男『公孫竜子』
『易経』（岩波文庫、上・下）
『老子』（岩波文庫、旧版、武内義雄訳注）、沈一貫『老子通』
『韓非子』（国訳漢文大成）
阿部吉雄編『中国の哲学』（明徳出版社）の中、宇野精一「恵施・墨子・荀子・公孫竜」

大浜晧『中国古代の論理』（東京大学出版会）
加地伸行『中国人の論理学』（中公新書）
范寿康『中国哲学史綱要』
胡適『先秦名学史』（英語版）
胡適『中国哲学史大綱』

末木剛博（すえき　たけひろ）
1921年山梨県甲府市生まれ。1945年東京帝国大学文学部哲学科卒業。東京帝国大学副手，電気通信大学助教授，東京大学教養学部助教授，同教授，東洋大学文学部教授等を歴任。東京大学名誉教授。2007年死去。著書に『記号論理学』『論理学概論』（共に東京大学出版会），『ウィトゲンシュタイン論理哲学論考の研究』全2巻（公論社），『西田幾多郎』全4巻，『日本思想考究』（共に春秋社）など多数。

東洋《とうよう》の合理《ごうり》思《し》想《そう》

二〇二一年一一月一五日　初版第一刷発行

著　者　末木剛博
発行者　西村明高
発行所　株式会社法藏館
京都市下京区正面通烏丸東入
郵便番号　六〇〇-八一五三
電話　〇七五-三四三-〇〇三〇（編集）
〇七五-三四三-五六五六（営業）

装幀者　熊谷博人
印刷・製本　中村印刷株式会社

ISBN 978-4-8318-2629-9　C1110

法蔵館文庫既刊より

価格税別

さ-1-1
増補 いざなぎ流　祭文と儀礼　斎藤英喜著
高知県旧物部村に伝わる民間信仰・いざなぎ流。中尾計佐清太夫に密着し、十五年にわたるフィールドワークによってその祭文・神楽・儀礼を解明。
1500円

キ-1-1
老年の豊かさについて　キケロ著　八木誠一 八木綾子訳
老人にはすることがない、体力がない、楽しみがない、死が近い。キケロはこれらの悲観的通念を吹き飛ばす。人々に力を与え、二千年読み継がれてきた名著。
800円

た-1-1
仏性とは何か　高崎直道著
「一切衆生悉有仏性」。はたして、すべての人にほとけになれる本性が具わっているのか。日本仏教に根本的な影響を及ぼした仏性思想を明快に解き明かす。解説＝下田正弘
1200円

さ-2-1
アマテラスの変貌　中世神仏交渉史の視座　佐藤弘夫著
童子・男神・女神へと変貌するアマテラスを手掛かりに中世の民衆が直面していたイデオロギー的呪縛の構造を抉りだし、新たな宗教コスモロジー論の構築を促す。
1200円

て-1-1
正法眼蔵を読む　寺田透著
多数の道元論を世に問い、その思想の核心に迫った著者による「語る言葉（パロール）」と「書く言葉（エクリチュール）」の「講読体書き下ろし」の読解書。解説＝林　好雄
1800円

い-1-1
地獄
石田瑞磨著
古代インドで発祥し、中国を経て、日本へとやってきた「地獄」。その歴史と、対概念として浮上する「極楽」について詳細に論じた恰好の概説書。解説＝末木文美士
1200円

く-1-1
王法と仏法
中世史の構図
黒田俊雄著
強靱な論理力で中世史の構図を一変させ、「武士中心史観」にもとづく中世理解に鋭く修正を迫った黒田史学。その精髄を示す論考を収めた不朽の名著。解説＝平雅行
1200円

な-1-1
折口信夫の戦後天皇論
中村生雄著
戦後「神」から「人間」となった天皇に、折口信夫はいかなる可能性を見出そうとしていたのか。折口学の深淵へ分け入り、折口理解の新地平を切り拓いた労作。解説＝三浦佑之
1300円

あ-1-1
禅仏教とは何か
秋月龍珉著
仏教の根本義から、臨済宗・曹洞宗の日本禅二大派の思想と実践までを体系的に叙述。難解な内容を、簡潔にわかりやすくあらわした入門書の傑作。解説＝竹村牧男
1100円

ほ-1-1
増補 宗教者ウィトゲンシュタイン
星川啓慈著
ひとつの孤独な魂が、強靱な理性と「神との和解」のはざまで悩みぬく。新発掘の二つの『日記』等をめぐる考察を縦横にもりこんだ、宗教学からの独創的アプローチ！
1000円

ア-1-1・2
評伝 J・G・フレイザー
その生涯と業績　上・下（全二冊）
R・アッカーマン著
小松和彦監修
玉井暲監訳
大著『金枝篇』で世界に衝撃を与えた人類学者の画期的評伝。研究一筋の風変わりな日常から、出版をめぐる人間模様、悪妻とも評された妻との結婚生活まで。未公開書簡や日記も満載。
各1700円

い-2-1
アニミズム時代　岩田慶治著
森羅万象のなかにカミを経験する。その経験の場とは。アニミズムそしてシンクロニシティ空間論によって自然との共生の方法を説く、岩田アニミズム論の名著。解説＝松本博之
1200円

か-1-1
信長が見た戦国京都　河内将芳著
城塞に囲まれた異貌の都
同時代史料から、「町」が社会集団として成熟していくさまや、戦国京都が辿った激動の軌跡を尋ね、都市民らの視線を通して信長と京都の関係を捉え直した斬新な戦国都市論！
900円

や-1-1
宗教とは何か　八木誠一著
現代思想から宗教へ
理性と言語による現実把握の限界をどう超えるか。ニーチェの生の哲学から実存主義、さらには京都学派の哲学までを総覧し、現代人のための宗教に至る道筋を鮮やかに指し示す。
1300円

つ-1-1・2
平安人物志　角田文衞著
上・下（全二冊）
考古学と文献史学を駆使した角田の博識と推理が冴え渡る、41篇の人物伝。緻密な分析で、平安朝を生きた人々の数奇な生涯を鮮やかに描き出した、歴史的名著。解説＝山田邦和
各1700円

か-2-1
インド人の論理学　桂紹隆著
問答法から帰納法へ
インド人の思考法は、観察から法則を導き出す帰納法的思考であった。事実に基づく論証法がインドでどのように展開したのか。その淵源を仏教の縁起の教えに見出した名著。
1300円

た-2-1
悟りと解脱　玉城康四郎著
宗教と科学の真理について
徹底した禅定実践と学問研鑽によって仏道を求め、かくして到達したブッダの解脱に基づき、一切の枠組みを超えた真理を究明する。稀有の求道者の最後の書。解説＝丘山　新
1000円

さ-3-1

ブッダとサンガ

〈初期仏教〉の原像

三枝充悳著

一人のブッダから多くの仏が生まれたのはなぜか。サンガはどのように成立したのか。仏教の根本問題を論旨明快な叙述で解きほぐす、恰好のインド仏教史入門。解説＝丸井　浩

1100円

し-1-1

ポストモダンの新宗教

現代日本の精神状況の底流

島薗進著

一九七〇年代以降に誕生・発展した「新新宗教」の特徴を読み解き、「新新宗教」を日本・世界の宗教状況とリンクさせることで、現代宗教論に一つの展望を与えた画期的試み。

1200円

や-2-1

〈方法〉としての思想史

安丸良夫著

安丸史学が対峙し、目指したものとは――。自身の研究や経験を回顧した論考・時評等を中心に収め、その思想的格闘の軌跡を示した歴史学徒必読の名著。解説＝谷川　穣

1300円

ア-2-1

英国の仏教発見

フィリップ・C・アーモンド著

奥山倫明訳

19世紀の英国人らによる仏教表象を分析し、西洋近代において、仏教が称賛や蔑視を交えながら「創造」されていく過程を、オリエンタリズムと宗教をめぐる観点から解明。

1300円

か-1-2

改訂 祇園祭と戦国京都

河内将芳著

創作物を通じて戦国期の祇園祭に託された「権力に抵抗する民衆の祭」というイメージは実態に合うものなのか。イメージと史実を比較し、中世都市祭礼・祇園祭の実像に迫る。

1000円

ブ-1-1

儀礼と権力　天皇の明治維新

ジョン・ブリーン著

日本の「近代」創出に天皇がはたした身体的役割とは何か。天皇はいかにして「神話の体現者」となったのか。従来とは異なる儀礼論的アプローチから迫ったユニークな試み。

1300円

も-1-1

梁の武帝
仏教王朝の悲劇

森三樹三郎著

皇帝菩薩と呼ばれた武帝の餓死、王朝の滅亡は、仏教溺信が招いた悲劇だったのか。類い稀な皇帝のドラマチックな生涯とその時代の精神を描出した不朽の傑作。解説＝船山　徹

1000円

む-1-1

天平芸術の工房

武者小路穣著

正倉院や東大寺をはじめとする花やかな天平芸術の創造にたずさわった工人たちの盛衰を明らかにしていくなかで、古代国家の文化の形成基盤の全体像を考察。解説＝山岸公基

1200円

た-3-1

改訂
歴史のなかに見る親鸞

平雅行著

数少ない確実な史料を緻密に検証することで、歴史研究者として親鸞の事蹟の真偽を究明する一方、民衆の苦難と自らの思想信条とのはざまで悩み苦しむ親鸞の姿をも描きだす。

1100円

す-1-1

東洋の合理思想

末木剛博著

インド仏教、中国仏教、中国古典に形式論理を見いだし、西洋思想とは異なる、非自我的な「楕円思考」を東洋の合理思想の根幹として解明する。野矢茂樹氏の解説も再録。

1200円

法藏館既刊より

室町時代の祇園祭　河内将芳著
長い祇園祭の歴史上最も盛大であった室町期の祭に注目し、その内実と特質を解明する。
1800円

京都地蔵盆の歴史　村上紀夫著
京都の夏の風物詩・地蔵盆の展開過程を解明し、都市京都における位置づけを問うた初の書。
2000円

自然に学ぶ　白川英樹著
生活に密着した学びが創造性、好奇心、洞察力などを育む。ノーベル賞受賞者のエッセイ集。
1200円

最古の世界地図を読む　『混一疆理歴代国都之図』から見る陸と海　村岡倫編
最新の技術でよみがえった『混一疆理歴代国都之図』を分析し、当時の人々の世界認識に迫る。
3200円

本願寺教団と中近世社会　草野顕之編
大名権力が脅威に感じつつも頼らざるをえなかった真宗の存在の種々相に迫る。
3500円

お迎えの信仰　往生伝を読む　梯信暁著
命終時に現れた不思議な現象の記録「往生伝」を現代語訳し、お迎え信仰の実態に迫る。
1600円

価格税別